U0873541

中学教师资格考试与教师教育公共课程教学系列教材

公共心理学实验教学指导

主　编　廖全明

副主编　杨　柯　张　灏

西南交通大学出版社

·成都·

图书在版编目（CIP）数据

公共心理学实验教学指导 / 廖全明主编. —成都：西南交通大学出版社，2021.3
ISBN 978-7-5643-7988-9

Ⅰ. ①公… Ⅱ. ①廖… Ⅲ. ①心理学－医学院校－教学参考资料 Ⅳ. ①B84

中国版本图书馆 CIP 数据核字（2021）第 040976 号

Gonggong Xinlixue Shiyan Jiaoxue Zhidao
公共心理学实验教学指导

主　编 / 廖全明

责任编辑 / 梁　红
封面设计 / 原创动力

西南交通大学出版社出版发行
（四川省成都市金牛区二环路北一段 111 号西南交通大学创新大厦 21 楼　610031）
发行部电话：028-87600564　028-87600533
网址：http://www.xnjdcbs.com
印刷：成都中永印务有限责任公司

成品尺寸　185 mm × 260 mm
印张　8.75　　字数　190 千
版次　2021 年 3 月第 1 版　　印次　2021 年 3 月第 1 次

书号　ISBN 978-7-5643-7988-9
定价　36.00 元

课件咨询电话：028-81435775

前　言

Preface

心理学短短百余年的历史充分表明，心理学之所以成了一门独立的科学，是因为有科学心理学实验的支撑，离开心理学实验基础，心理学将与教育学一样成为一门思辨学科。实际上，心理学是一门实验性很强的学科，一方面，心理学实验证据的不断积累极大地促进了心理学原理、定律和结论等基础理论的发展；另一方面，要训练学生的心理学专业技能，最重要的途径就是做心理学实验，就像要形成物理、生物、化学等学科技能一样，就必须上实验课，心理学实验是心理学专业训练的重要内容。

心理学实验教学对于培养心理学专业、教育学专业学生的操作技能具有不可替代的重要地位和意义。实验教学的直观性和趣味性最大限度地激发了学生的学习兴趣，锻炼了学生的实际操作能力，有助于培养和提高学生严谨求实的科学精神、敏锐地发现问题的能力、独立思维能力和创新能力。学生对自己或他人的心理现象进行实验操作，有助于自身更深入地了解自己和他人的心理特征，培养从事教师教育工作的能力。随着我国心理学科的快速发展，对教师教育人才培养质量要求的不断提高，教师教育人才培养体系的完善以及全国教师资格考试的全面推开，心理学实验教学在教师教育人才培养中的作用，特别教师教育基本能力培养中的作用愈来愈突出，但总体来看，我国教师教育人才培养体系中心理学实验教学的开展效果尚不理想，有的学校甚至根本就没有开展，严重影响了教师教育人才培养质量的进一步提高。造成这种状况的原因是多方面的，而其中一个重要的原因是缺乏适合教师教育专业学生使用的合适的心理学实验指导教材。为此，我们组织心理学专业教师编写了这本《公共心理学实验教学指导》。

本书的编写遵循以下两大原则：一是可读性原则。本书不仅可用于公共心理学教师从事心理学课程教学实验部分的指导教材，供教师阅读和教学参考，也可供教师教育专业、心理学专业学生使用，讲究知识的通俗易懂、生动有趣，以达到增加心理学实验知识的普及面、训练学生心理学专业技能的目的。因此，在实验项目的选择上，精选经典性、验证性实验项目，并尽可能全面地呈现出来，如呈现比较重要的实验项目的实验报告等。通过这些实验项目的教学，培养教师教育专业学生对心理学实验的基本认识、基本素养，努力使学生掌握心理实验项目的最基本或最简单的操作技能。二是创新性原则。本书作者努力创新心理学实验指导教材的编写形式，致力让读者通过本书的学习培养严谨求实的科学态度，形成对心理学实验较为全面的认识，通过某个实验项目的实验教学或者通过有限实验教学空间的影响，让学生能较为全面地认识和掌握实验操作技能、分析问题和解决问题的能力及一定的研究写作能力。如本书在每章的内容设计上都包括了实验报告的内容，也设计了综合性和设计性实验项目。通过这些综合性和设计性实验项目，让学生自行设计实验方案，自主确定操作实验方法和步骤，以培养学生独立思考、独立解决问题的能力。

公共心理学是教师教育课程模块的重要组成部分，无论教师教育形势如何变化，公共心理学的地位和重要性始终没有变化。但是，就我们所看到的已出版心理学教学用书中，除了“实验心理学”有相应的实验指导教材外，其他课程中尚未见有专门的实验指导用书，公共心理学课程也没有相关的指导教材。随着我国对教师教育人才培养质量要求的不断提高以及实验教学条件的不断改善，从事公共心理学课程教学的任课教师越来越感觉到需要一套有针对性、简洁实用的、能够指导教师教育专业学生进行心理学实验操作的教材。因此，在前期进行心理学实验教学改革、强化公共心理学实践技能，并对一些高等师范院校的公共心理学课程教学现状和问题进行调研的基础上，我们确定了本书编写的内容及编写体例，组织了部分公共心理学课程任课教师编写了本书。

本书共包括八章。第一章心理学实验基本知识，概述了心理学实验的意义、特点、实验设计的内容、实验因素控制、实验误差、实验报告写作等基本知识；第二章注意心理实验；第三章感知觉心理实验；第四章记忆心理实验；第五章思维心理实验；第六章情绪心理实验；第七章能力心理实验；第八章人格心理实验。参加本书编写的人员分工如下；第一章由廖全明撰写；第二章由杨柯撰写；第三章、第四章由石岩、廖全明撰写；第五章由蓝洁撰写；第六章、第八章由张灏撰写；第七章由刘杨撰写。廖全明、杨柯、张灏负责统稿。尽管本书的作者参加过多种心理学教材的编写，编写过程中也尽了最大努力，但是，编写公共心理学实验教学指导教材还是首次，因此，书中疏漏之处在所难免，敬请各位专家和广大读者批评指正。

本书在编写过程中参考了大量有关文献和教学案例，在此谨向原作者表示衷心的感谢！同时，衷心感谢西南交通大学出版社所做的大量工作！我们希望该书的出版能够为师范院校教师教育专业的公共心理学实验教学提供一套有用的参考资料，能够对教师教育专业学生实践和实验教学改革提供帮助，为心理学专业学生实验教学提供参考。

廖全明

2020 年 12 月

目 录

Contents

第一章　心理学概论

【内容提要】

心理学之所以成为一门科学，重要的依据在于它的实证性，需要进行严密的实验研究。著名的实验心理学家波林曾说:“把实验法应用于心理问题是心理研究史上无可比拟的伟大事件。”冯特继承了从事生理学、物理学研究的前辈科学家如米勒、韦伯、费希纳等人的实验研究的方法和成果,于 1879 年在德国的莱比锡大学创建了世界上第一个心理实验室，“科学的”和“实验的”这两个词便成为“心理学”的核心含义，心理学因此变成了一门实证科学。

【学习重点】

1. 了解心理学实验的意义、特点以及实验研究的基本过程。
2. 了解心理学实验报告撰写的要求，掌握实验报告撰写的方法。

一、心理学实验的意义

实验法是通过系统地、人为地操作环境中的变量，导致某些行为的变化，并对之进行观察、记录和解释的科学方法，包括自然实验法和实验室实验法。其中自然实验法是在自然情境下，对实验情境进行一定的控制，以引起某种心理活动的变化并进行实验研究的方法。一般与真实的教育情境或生活情境比较接近，研究结果具有较好的可推广性。

心理学实验法扩大了心理学的研究领域和范围。随着心理学实验法的迅速发展和实验研究方法的不断扩充和完善，对儿童心理特点和心理发展的研究范围已经大大突破和远远超出了以往任何一个时期，现代心理实验研究早已从早期的感知觉领域，扩充到了注意、记忆、概念发展、语言发展、情绪发展、行为等各个领域。这些研究对预测和评价人的心理发展水平，了解影响在不同情境中人的心理现象发生原因，发展人的各种心理素质方面具有重要意义。

心理学实验法为心理学的研究与发展提供了新的研究手段和方法，使心理学研究方法发生了更为深刻的变革。心理实验法较之其他研究方法能更好地控制无关变量的影响，能通过一定的方法和手段，来控制其他因素，从而使自变量以外的其他因素都保持恒定。这样所得结果就是由自变量所引起的，而不是其他因素引起的。如现代教育心理学对怎样进行有效的教学，如何激发学生的学习动机，怎样创设有效的教学环境，怎样科学地评估学生的学习成绩，怎样进行标准化测验，对特殊的学生怎样进行特殊的教学等，都进行了大量实验，并根据实验结果与数据进一步改进教学管理制度、改革教学的教学理念和教学方法；再如美国心理学家班杜拉应用实验方法，对榜样行为对儿童攻击行为的影响进行了经典实验研究。一些非实验研究方法只限于描述和相关预测，而实验法则可以做出因果的推断，对变量尽可能严格而周密地进行控制，虽然不能 100% 地消除其他无关变量的影响，但结果可更容易地归结为自变量的影响。

当代心理学在心理学实验研究方法上不断进行创新，获得了前所未有的成就和荣誉。随着心理学实验法的发展，现代心理学对心理现象、心理特质和心理发展的研究不断突破，并开辟了一个又一个全新的发展领域。例如西方心理学家正是利用实验方法设计了大量有关人类社会心理的实验情境，并用实验的方法观察和研究人们在一定情境下的社会行为，使得西方社会心理学在利他主义与亲社会行为、攻击、偏见、冲突、从众等一些重要领域中都取得了较大的成就。

随着电子学和工程技术的发展，心理学的实验装置和测量仪器日益精密，心理学的实验研究工作在客观性和准确性方面都得到了提高。心理学发展到今天，争论的问题已不再是实验方法对心理学的研究是否适用，而是如何使心理学的实验方法更加完善、更加自动化，以及如何用在实验室中发现的心理学规律来解决实际问题。

二、心理学实验的特点

心理学实验的任务在于揭示人的心理活动规律，了解影响其心理活动的主要因素，寻找促进心理素质发展的主要方法。因被试处于活动状态，故需要根据它的特点进行实验，实验类型和实验特点主要有以下几个方面。

1．动态实验

要了解人的真实心理状态，就必须对被试在情境中的心理状态进行动态测定，必要的实验室实验只能作为临场心理实验的验证或补充，否则，在静态下做出的实验测定有时不一定是真实的状况。

2．临床实验

进行临床实验，必须保证对实验条件的严格控制和仪器的准确性，否则不易取得可能的数据。

3．教学实验

教学实验是指学生在教师的指导下，使用一定的设备和材料，通过控制条件的操作过程，引起实验对象的某些变化，从观察这些现象的变化中获取新知识或验证知识的教学方法。教学研究中，可利用的实验法的种类很多，教学实验实际上就是一种自然实验。

三、心理学实验研究的基本过程

实验心理学研究通常要遵循这样的基本程序：课题选择——选择被试——确定实验控制——数据整合——撰写研究报告。

（一）课题选择和文献查阅

课题选择与文献查阅是从事科学研究一个十分重要的环节。通常情况下，在进行某一学科研究过程中会不断出现新的问题，这些研究过程中产生的新问题经过较长时间的积累，如果具备了相关的研究条件，就可成为研究者的研究课题。选择了研究课题仅仅是科学研究的第一步，研究者还要进行相关的文献查阅，对课题不断地进行具体化，并进行研究设计、实验设计和具体的实验研究。

1．研究课题的选择

选择课题就是根据各方面需要提出所要研究的问题，一项科学研究总是从发现问题开始的。研究者可以从不同的来源得到启发，从而提出自己的研究课题。一般而言，课题通常有以下几个来源。

（1）社会实践需要。心理学科研最迫切的任务之一，就是要解决社会实践中亟待解决的问题，特别是相当普遍的关键性问题，而这些问题恰恰又是理论上没有得到回答的。这需要我们在社会各领域的实践过程中，不断发现新的，有待解决的，具有一定现实意义的实际问题，并对这些问题进行系统的、全面的研究，最后将研究结果应用到社会实践的各个领域。例如，在教育教学实践中，不同的教法对学生的思维会产生什么影响？企业员工在工作过程中为什么会有放松的现象？不同的领导风格对企业生产效率会产生怎样的影响？诸如此类问题都可以作为实验研究的课题。

（2）理论发展的需要。从现有的心理科学理论体系中发现没有人研究或者有待深入研究的问题，并对这些研究问题进行深入的研究；从相关问题产生的不同理论、观点和流派的相互争议、矛盾或各种限定条件中寻找产生理论之间矛盾、冲突和条件限制的原因，并尝试对现有的理论进行整合，从中寻找到实验研究的课题；对现有研究之间的矛盾或不一致的观点或结论进行重复性的验证，寻找解决矛盾或冲突的原因，并从中发现新的问题，进行深入的研究。以我们都熟知的遗忘现象为例，个体学习以后，如果受到情绪性材料的影响，就可能遗忘某些内容。而关于遗忘的原因，曾有研究者提出过动机性遗忘理论，根据这个理论可知：人会对某些痛苦或令人尴尬的信息进行监控，并抑制这些信息（信息不但没有消失，反而会通过某些线索或者治疗被重新诱发出来），也就是说，会将这些信息排除在意识之外，遗忘这些信息，从而使自己得到保护。这些学习材料产生的抑制性情绪越强烈，对学习材料的遗忘影响就越大。因此，根据这个推论，研究者可设计一些关于“抑制性材料的情绪强度对学习材料记忆影响的实验研究”等课题。

（3）从个人历史经验或前人经验中寻找课题。一方面，在学习、工作和日常生活中，每个人都会遇到一些心理学问题，在心理学学习过程中，都有成功的经验和失败的教训；另一方面，努力学习和研究古今中外的心理学经验，借鉴和吸取别人在心理学研究实践中积累的正反两个方面的经验，取长补短，提高自己，从成败经验中提炼出研究课题。这需要总结个人过去的经验和教训，或查阅文献，发现什么问题已经解决、什么问题还有待继续研究。

2．文献的查阅

查阅文献是进行实验研究的重要步骤，对正确地进行科学研究具有十分重要的意义。查阅文献可以使研究者对本课题研究领域有较为系统的、全面的了解和掌握。只有了解有关研究动态，才能发现前人研究问题所涉及的范围，找准自己研究的突破点，才能选定既有价值又最值得研究的课题；查阅文献可以跟踪国内外学术思想和最新成就，了解科研前沿动向并获得新信息，从过去和现在的有关研究中受到启发，寻找课题研究的思路和线索；查阅文献还有助于研究者科学论证自己的观点，提供有说服力的、丰富的事实和数据资料，从而对研究结果进行有针对性的分析、讨论，并撰写有质量的研究报告。

常用的文献资料主要有专著、专业期刊、学位论文、学术会议论文、索引、网络出版物和网络学术期刊等。

（1）专著。专著是就某一学科、专门问题进行系统、全面、深入论述，或者说汇集了某一学科领域或具体问题的研究成果。因此，查阅专著类文献可以使我们就某一学科或某个问题有较为系统和全面的了解和掌握，便于开展深入的研究。

（2）专业期刊。期刊是定期或不定期的连续出版物，有周刊、月刊、双月刊和季刊等。期刊又分为专业核心期刊和普通刊物。通过查阅专业期刊，可以了解某一学科或某一问题研究的历史和现状，以及研究者普遍关注的热点问题等。

（3）学位论文。学位论文指本科生、研究生为取得学位提交的学术论文，包括学士、硕士、博士学位论文，这些论文主要集中在高等院校和各类科研机构中，并收录在高等院校、科研机构的图书馆中。学位论文特点是文献综述全面，论证比较充分，探讨问题比较深入。学位论文是进行实验研究、文献查阅的重要来源。

（4）学术会议论文集。学术会议文献一般收集了关于某一研究领域或研究方向的最前沿研究成果，代表了国内外学术发展的最高水平，是进行学术研究的一个重要资料来源。

（5）索引。通过索引可以方便地找到与研究课题有关的各类发表物，可以有选择地查阅与研究课题有关的文献全文。

（6）网络出版物或网络学术期刊。随着国际互联网的普及，网络出版物和网络学术期刊逐渐受到研究者的关注。几十年前，人们还在使用手工检索文献的方式，但今天，已经很少有研究者拒绝网络查阅文献的方式。很多学术刊物都可以很方便地从网络上阅读和下载。

通过查阅文献，了解有关课题前人是否已经做过，前人研究到什么程度，还有哪些需要深入研究的问题，从而分析所选课题的研究价值和研究意义。查阅文献，还可以选择多种研究方法或自己认为最有效的研究方法，制订实验计划，最终解决课题设计中包含的各类问题，证明或证伪研究假设。

（二）提出问题或研究假设

研究问题是在文献综述的基础上提出来的。通过对文献不断进行归纳和总结，发现前人研究中的不足或问题，从而选择自己要研究的问题。当然，在提出问题时，需要从理论、实践应用和研究方法等方面对所提出的研究问题进行阐述，使研究问题具体化，并成为本课题的具体研究目标。

研究假设是对研究问题提出的设想，是对研究结果的预期。提出的研究假设应建立在前期文献综述的基础上，应具有可预测性和可验证性，也就是说，即将开展的研究与研究假设具有直接相关性，可以有针对性地证明研究假设是否成立。

（三）研究方案的设计

研究方案设计包括选择被试，选择具体的研究方法、研究工具和技术手段，研究变量操作与无关变量的控制、实验实施的步骤等。

1．被试的选择

科学地选择被试是保证研究科学性和可靠性的前提条件。被试样本的代表性越好，研究结果就越真实可靠，可推广性就越强。要选择好的被试样本，首先要考虑被试的背景。通常情况下，被试背景信息包括被试的性别、年龄、地域、民族、教育状况、职业及被试的其他信息，如健康状况、身高、视力、听力、智力等。为了保证被试样本具有代表性，通常采取如下方法抽取被试样本。

（1）完全随机抽样。这种抽样方法通常适用于总体不大的情况，具体操作方法可以是随机数字表或抽签的方法。如随机数字表方法程序是：将总体中所有个体随机编号，然后在随机数字表中抽取相当于要求样本数量的随机数字，随机数字对应的个体即被抽中。抽签方法与通常做的抽签游戏的规则是一样的。

（2）随机分层抽样。在总体容量比较大、完全随机抽样不可能实现的情况下，采用随机化原理，将总体分为不同层次的抽样单元，在不同层次的出样单元中进行随机化取样，经过若干单元的随机化抽样，最终取得所需要的研究样本。

（3）等组匹配取样。这是一种常用的被试取样与进行分组的方法。如研究重庆和成都两个城市中学生分享行为发展进行对照研究，要求从成都和重庆分别抽取 600 名中学生，如果简单采用随机抽样的方法，很有可能由于样本的随机性导致研究结果的显著差异，并不能客观反映两个城市中学生分享行为发展的真实状况。为了保证取样的代表性和对照研究的可靠性，可以按照同样的取样标准对两个城市的中学和中学生分别选取对等的样本，使选出来的两个样本更能代表分享行为发展的真实状况。等组匹配取样多见于等组组间设计和多组匹配设计的实验研究中。

（4）个案样本取样。在不具备获得较多被试样本数量的条件下，个案取样研究就成为可行的研究方法。个案样本取样多见于认知神经科学研究、临床实验研究，因为研究样本总体数量少，或者研究资料获取不易，因此对所有的被试样本进行长期的系统研究，同样可以获得一些可靠数据，对这些数据进行科学分析，就可以获得具有理论价值和实际应用价值的研究成果。

在心理学研究中，必须要考虑样本容量大小。一般情况下实验样本越大，实验数据越多，实验结果就越真实可靠，但不能就说样本越多越好，要根据多方面条件综合衡量。这些条件包括客观条件、课题研究目的、研究设计的类型以及各因素的水平数量等。一般情况下，一个实验处理的样本数量不能少于 8 个，在一些特殊的实验设计中，可以根据实际研究的情况确定样本数量，目的是最大限度地保证其稳定性和可靠性。

2．选择实验类型和实验方法

实验可以分为两种类型，即因素型实验和函数型实验。因素型实验解决“是什么”的问题，函数型实验解决“怎么样”的问题。因素型实验是探求规定心理现象发生条件“是什么”的“什么型实验”，也即探明规定行为的要因的实验。研究者需要逐个地排除或变化那些被认为是规定行为要因的几个条件，然后根据行为有无相应变化，来判断这些条件是否是行为的要因。有人称之为“定性实验”；函数型实验是探求各种条件是“怎么样”规定行为的“怎样型实验”，也即探明条件和行为之间的函数关系的实验。这是在因素型实验结果的基础上，系统地、分阶段地变化规定行为要因的条件，然后对条件和行为之间的函数关系进行确定，以找出行为的法则。有人称之为“定量实验”。如果问题发生的原因还没明了，可以采用因素型实验，但如果行为发生的条件已经明了，可以直接采用函数型实验。

研究方法是实验设计的核心环节，直接关系到研究结果的科学性和可靠性，影响到我们的研究结果能否揭示心理现象发展的本质。常用的心理学实验研究方法包括传统的心理物理法、信号检测论方法、行为科学研究方法、反应时测量技术以及在反应时测量技术基础上发展起来的启动研究范式、注意跟踪技术、空间线索技术，除此之外，还有神经电生理技术、多导生理记录技术、医学影像技术等。

3．实验因素的控制

实验因素的控制主要是指主试对于自变量和对无关变量的控制。实验变量包括自变量、因变量和无关变量。自变量又叫“刺激变量”“独立变量”，是研究者拟定研究的因素变量，或者说是研究者有意识地加以操作和改变的变量。自变量的变化一般为连续或非连续的变化，且有两个或两个以上的水平，自变量的不同水平也称为“实验处理”。通常情况下，每个实验研究可以有一个或多个自变量，研究者可以通过改变自变量的水平来观察因变量的变化,通过大量的实验数据来分析自变量和因变量的关系；因变量又叫“反应变量”“依从变量”，是研究结果变量，是研究者观察和记录的被试表现，一般随自变量的变化而变化，可用一定的数量指标来表示，如反应时、皮肤点位等；无关变量又叫“控制变量”，是研究者希望控制，但对研究结果具有不可忽视影响的重要因素。

（1）自变量的控制。对自变量控制的好坏，直接影响实验的成败。对自变量操作的控制要注意使其他无关变量不变，要充分控制无关变量，防止发生混淆现象。对自变量的控制，首先，要对自变量进行操作定义，特别是对一些意义不太清楚清的变量必须使之操作定义化，只有这样才能进行实验。操作定义是指根据心理该变量的测定程序所下的定义。例如把疲倦定义为“工作效率的下降”，那么就可以进行测量和比较了。因此，对一些含混不清的变量，一定要有操作定义。其次，对于自变量的操作过程要找出自变量和因变量的函数关系，就要寻找一定数量的检查点。如果两者是线性关系，一般二至五个点就可以了。如果函数关系比较复杂，则至少要选五个或五个以上的检查点。同时也要明确各个检查点之间的距离，具体距离应该多少可以根据自变量的范围和检查点的数量来确定。

（2）因变量的控制。被试个体对刺激变量可能有多个反应，究竟以哪个反应作为因变量就属于因变量控制的问题了。在心理学实验中，一般常用的因变量指标有绝对阈限、差别阈限、反应时、反应持续时间、反应程度、完成量、错误率、完成一定的作业所需要的时间、达到一定基准所需要的次数以及口头报告等。这些只是一些常用的指标，如何做出选择可以根据研究需要来决定。如果是以人作为被试，往往用指导语来控制被试的反应发生的方向。因此，在使用指导语时，可告诉被试实验的目的和应用价值，做到引起动机，激发兴趣。例如在内隐学习的研究中，给被试的指示语可以是“学习并记住这些字串”（内隐学习），也可以是“尝试发现这些字串的内在规则，以便更好地记住这些字串”（外显学习），从而达到控制被试反应方向的目的。使用指示语时还要注意呈现时间和重复次数要始终一致，要用被试能听懂的语言，能用录音机发出指导语最好。在发出指导语后，可以允许被试提问，让被试弄清自己要完成的任务。

（3）无关变量的控制。在心理学实验中，无关变量是指因为预定的自变量的变化与另一个已知的或潜在的自变量的变化伴随发生，从而造成两个甚至两个以上的自变量混淆，常常又叫“控制变量”“额外变量”。在心理学实验中，对无关变量的控制技术主要有排除法、恒定法、匹配法、随机化和平衡法、统计控制法。排除法是把额外变量从实验中排除出去。从控制变量的观点来看，排除法确实有效，但用排除法所得到的研究结果却常常难以推广。恒定法指在使额外变量在实验过程中保持恒定不变，这主要体现在保持实验条件恒定的方面，实验者和控制组被试的特性也应保持恒定，只有这样，两个组在作业上的差异才可以归于自变量的结果。匹配法是使实验组和控制组中的被试属性相等的一种方法。使用匹配法时，先要测量所有被试身上与实验任务成高相关的属性，然后根据测得结果将被试分成属性相等的实验组和控制组。实际应用中，匹配法常常是配合其他技术共同使用的。随机化法是把被试随机的分派到各处理组中的技术。随机分配形成的各处理组的各种条件和机会是均等的，也即在无关变量上做到了匹配。随机化法不会导致系统性偏差，能够控制难以观察的中介变量。随机法不仅能应用于被试，也能应用于刺激呈现和实验顺序的安排。以上讨论的情况，都是在实验尚未正式开始前先行着手控制额外变量的方法，这类技术被称为“实验前控制”。另一种技术是实验后控制，就是在实验完成后通过一定的统计技术来避免实验中额外变量的干扰，因而也称为“统计控制法”。统计控制主要用于实验前控制难以完全控制无关变量影响的情况。

无关变量的控制是提高实验严密性、可靠性的重要组成部分，但无限地沉迷于控制额外变量，又可能将实验者的过多精力导向细枝末节而失去了对核心部分的关注。因为实验所关注的自变量和因变量永远是有限的，而这世上所有可能的变量是无限的。在有限的实验变量之外，永远有着无数可能的额外变量。因此，想要无止境地控制无关变量是不可能的，反而会对实验本身造成严重不良影响，失去操作的可能性。

4．实验材料的选择

心理学研究使用仪器和材料的主要目的是呈现实验处理、控制环境、观察行为及处理观察资料。可把心理学中的仪器材料分为以下四种类型。

（1）呈现刺激的仪器和材料主要包括速示器、时距控制器、记忆鼓、色轮、闪光融合仪、棒框仪、镜画器、深度刺激仪，及用于各种测验的量表和罗夏墨迹测验图等。

（2）观察或记录行为反应的仪器或材料主要包括计数器、反应时仪、示波器、多道扫描仪、生物反馈仪、眼动仪，以及各种形式的记录纸等。

（3）控制环境的装置主要包括暗室、隔音室、屏蔽室、单向玻璃装置、闭路电视、眼罩等。

（4）多用途的仪器设备既可作呈现刺激和侦察或记录反应的装置，也可进行模拟实验和统计处理等，如电子计算机、生物影像记录仪、事件相关电位仪等，研究者可根据课题的需要和实际的可能选择使用仪器和材料。在选择使用仪器和材料时，应以简单实用为原则，不要片面地追求高大上或高精尖。实际上，心理学实验，特别是演示实验，常常是越简单的材料效果反而越好，更容易达到实验目的。

（四）数据整理和统计分析

在心理学实验研究过程中，通过实验获得大量的原始数据和资料，这些数据资料看似杂乱无章、没有什么规律，要使这些数据资料有意义，就需要对其进行整理和分析，从中发现心理现象发生发展的规律，得出具有理论和实践意义的结论。

1．数据的初步整理

对数据的初步整理是进行数据处理的第一步，通常情况下，数据整理包括以下一些工作。

（1）剔除极端数据和不可靠数据。在收集的数据中，有些数据可能已经受到无关因素的影响，如被试态度不端正、情绪波动情况或其他意外情况等，在整理数据时首先要删除这些数据。在删除不可靠数据后，可采用加减 3 个标准差的原则进一步提出极端数据，凡是落在平均数上下 3 个标准差范围的数据，都可以将其作为极端数据予以删除，最后保留的数据作为有效数据进入下阶段的分析过程。

（2）确定数据资料类型和分析方法。可以把收集的数据资料大致分为计数资料、计量资料、等级资料、描述性资料四类。其中计数资料是按个体的某一属性或某一反应属性进行分类计数的资料。计数资料只反映个体间质的不同，而没有量的差别，例如被试的性别、婚否、成年或未成年，反应的有或无、对或错等；计量资料是用测量所得到的数值的大小来表示的资料，例如被试的年龄（岁）、智商（IQ）、反应频率（次／秒）等；等级资料介于计数资料和计量资料之间，可称为“半计量资料”。例如，将被试的领导能力划分为强、中、弱三个等级，就能得到等级资料；描述性资料是非数量化的资料，可以补充说明数据，使数据更有说服力，但是由于没有数量指标作为客观尺度，描述性资料在进行解释时容易产生主观片面的错误，因此对描述性资料的解释必须小心谨慎。在心理学研究中，等级资料有时可以升级转换为计量资料使用，比如通过量表制订将心理健康的等级评价变成计量资料；或者等级资料也可以直接降格作为计数资料使用。

（3）对数据进行分类与编码。一般对数据的分类可以根据研究假设来划分研究变量的水平，确定研究变量的数量、自变量的水平以及被试的人口学信息等，如性别、学业成绩、智力水平、心理健康水平等。分类的标准一定要明确具体，要能涵盖所有的数据，不能够有任何遗漏。在确定数据的分类标准后，需要对数据进行编码，即对数据赋予变量名称，建立数据结构，并保存特定数据结构的数据文件，以便在统计分析时使用。

2. 数据的统计分析

对数据的统计分析一般可用 SPSS、SAS、Excel 等统计软件进行统计分析。对数据的具体分析类型包括描述统计分析、推论统计分析等。其中描述统计分析可以以制作统计图表和计算描述统计量形式体现，描述统计量包括集中趋势统计量、分散趋势统计量和相关系数，推论统计分析是建立在这些描述统计分析基础上的，对解释推论统计结果具有非常重要的意义。推论统计分析就是对样本数据反映的情况及其普遍性进行统计分析的方法，主要包括总体参数估计、平均数差异检验（如 Z 检验、t 检验、X_2 检验等）、方差分析、回归分析、路径分析与结构方程、判别分析、非参数检验以及其他的高级统计分析方法（如探索性因素分析、验证性因素分析等）。

四、实验报告的撰写

心理学实验完成之后，就需要撰写实验报告，以对实验研究过程进行总结，也能为进一步的研究提供线索。很多学生撰写心理实验报告时，仍感到十分困难。比如学生对“本实验填补了哪些空白”“前人的研究是什么”“本实验的假设和预期是什么”“参考文献该怎样写”等感到困惑。需要明确的是，大学生为心理学课上做过的教学实验而写的报告是学生心理学实验报告，其目的是为了让学生学习和掌握有关心理学的基础知识和基本的实验技能。学生实验报告虽然与标准实验报告有区别，但其形式并不新，实际上仍然是标准实验报告的变式。学生撰写心理学实验报告可为学生写作心理学研究报告奠定扎实的基础，要求完整全面、简洁明了地阐述实验进行的情况。

心理学实验课中所写的实验报告与科学研究的实验报告在基本结构上或内容要素上是相同的，但两者的目的是不同的。科学研究报告的目的是要解决新问题，需要提供新的研究成果，而学生心理实验报告的目的是学习心理实验技能，重复一个经典实验或验证某个已有定论的问题，一般只提供前人研究成果的补充材料，但要写出高质量的实验报告，也需要对新的因素、新的数据进行整理、分析。无论是什么形式的实验报告，基本的形式和要求是各类实验报告都必须具备的。一个完整的实验报告，必须包括以下几项内容：标题或题目、署名、摘要、关键词、引言（文献综述与问题提出）、研究方法与设计、结果与分析、讨论、结论、参考文献及附录。具体分述如下。

（一）标题或题目

标题或题目即研究报告的篇名。题目是文章主要内容的浓缩，要言简意赅、简明扼要，一般不能超过 20 个字。一般要求在题目中既要指出自变量，也要指出因变量，使读者能够从题目中清楚地了解到研究者报告的主要内容和研究的领域。例如“照度对视觉敏度的影响”，在这一题目中，“照度”是自变量，“视觉敏度”是因变量。这样，读者对研究报告单内容和探讨的主要问题基本上就一目了然了。研究报告的题目应该以陈述句的形式呈现，避免主观性的语句。

（二）署名

署名就是在文章标题下面注明作者姓名、工作单位、所属地区等信息。学生实验报告可在题目下标上作者的名字，同时还要注明系院专业、班级、学号等信息。如果有些参与者没有署名，但又做出了一定的贡献，应该在文章的某个位置（如开头或结尾）以注释的形式表示感谢。

（三）摘要

摘要是对报告要点的高度概括。摘要的作用主要是让读者对报告内容有基本的了解，以便确定研究报告是否具有研究价值，并成为其他研究者的重要检索依据。摘要文字一般不超过 150 个字。摘要的内容一般包含以下信息：要研究的问题是什么；前人对该问题的研究；本研究的被试、方法、结果、结论以及研究发现的价值和启示。摘要部分行文务必以客观或第三人称的语气，避免使用第一人称，对全文内容做相对客观的总结和概括。

（四）关键词

关键词是与研究内容相关的核心概念和专业术语，其作用是让读者大致了解实验报告所要表述的内容，也是读者进行检索的主要依据。通常情况下，关键词的数量一般为 3 ~ 5 个。

（五）引　言

引言也叫“文献综述与问题提出”。在大量查阅文献的基础上，通过对文献的研读，对前人的研究成果进行总结和梳理，并从中发现问题和提出问题。引言的内容一般要求说明此实验研究的意义以及题目产生的过程，提出问题的背景材料或提出问题的假设，最好能引经据典，说出本实验所研究问题产生的来龙去脉。当然，语句要简练，一般不超过一千字。在内容结构上，一般包括前人曾做过的同类研究、对实验的分析和假设以及本实验的理论意义和实践意义。

（六）研究方法和设计

方法部分主要说明整个实验的操作过程，必须详细，以便其他实验者能够参照实验的研究条件，复核该实验结果。方法部分主要包括被试、实验仪器或材料、实验设计（主要变量名称和水平）、实验程序等方面内容。

1．被　试

主要说明被试取样的方式，包括被试的年龄、性别、文化层次、职业以及人数等情况，以及被试的数目和分组方法（如进行组间实验设计或混合实验设计）等。

2．实验仪器或材料

在实验报告中，作者还必须列出用来测试被试的所有设备（包括硬件仪器和实验软件的名称及主要性能）和问卷、词组表等材料。如果材料过长，可以在附录中详细列出。

3．实验程序

即实验具体是怎么进行的，研究者对被试做了什么，包括实验步骤、指导语、注意事项、刺激呈现方式、被试反应记录以及控制的变量等，以便他人随时重复验证。

（七）结果与分析

结果与分析部分主要说明实验者在实验中收集到的数据处理与分析情况，以图、表形式呈现出来。这需要对原始数据进行一定的统计加工，然后在这一部分以描述性统计和推断统计的形式表示出来。需要注意的是，结果与分析中所列的全部内容，必须都是来自本实验的，既不能任意修改或增减，也不要加入自己的主观见解，要使读者清楚地了解这个实验的客观结果，并根据结果做出一定的分析和概括。

（八）讨　论

讨论是围绕实验结果是否验证了最初提出的假设而进行的。如果结果不能充分地解决提出的问题或者验证最初做出的假设，就要进行分析，找出原因。如果结果与别人的研究结果有差异，要能提出自己的见解和理由。当实验得到意外的结果时，也要进行分析，不能弃之不管。也可以讨论本研究结果的理论意义和现实意义，并分析实验研究存在的问题以及需要进一步解决的问题。

（九）结　论

对研究结果进行讨论之后，需要对本实验研究的结论进行简短的总结。一般以简明扼要的语言，以陈述句的形式进行总结，归结为几个要点，便于读者阅读参考。注意总结必须恰如其分，不可夸大，也不必缩小，一定要以本实验所得的结果为依据。

（十）参考文献

实验者需要将报告中引用的参考文献按照先后顺序列出来。引用的参考文献包括专著、期刊论文、会议论文、学位论文等，一般包括著作者、题目、出处、出版日期、期刊的卷数和期数、页码等。研究者引用的文献一般为直接引用的文献。

（十一）附　录

附录一般包括了实验的原始数据和记录，以及实验的具体材料（如果材料较长的话），便于读者按照自己的统计分析方法进行处理，验证作者的实验结论，另外，重要的实验材料、指示语等也应列入附录。

学生实验报告的结构可根据研究的目的和研究内容的不同而相应调整，上述各组成部分可以根据需要增减，也可以把其中的某些部分结合在一起来写，但实验报告的基本思路和结构一般都包括上述各项内容，同时也要按上述顺序行文。

五、心理实验报告示例

用对偶比较法和等级排列法测定成人对香烟包装喜好程度的实验报告

1. 前　言

我们知道古典心理物理法集中于测定感觉阈限问题，信号检测论主要是检测微弱信号问题，而心理量表法则主要用于度量阈上感觉的问题。应用心理量表法可以定性定量地测出感觉量随着刺激量变化的情况。从量表有无相等单位和有无绝对零点来看，可以将心理量表分为顺序量表、等距量表和比例量表。顺序量表即无相等单位也无绝对零点，因此不能进行加减乘除运算，是心理量表中最粗糙、最简单的一种量表，应用它可以查出事物按某种特质排列的先后顺序。对偶比较法和等级排列法是制定顺序量表的重要方法。

影响成人对香烟包装爱好程度的因素可以有香烟包装的品牌、颜色、形状、包装上的字体、图案设计、包装纸的质量等，个体当时的主观因素如个性、当时的心境、经验水平等也可能对香烟包装的喜好程度产生影响。

本实验的目的是用对偶比较法和等级排列法分别测定一组成人对 10 种云南省著名品牌香烟包装的爱好程度，并制定出顺序量表。

我们可以应用已制成的心理量表，查出任何一种香烟包装样品的相对位置，以此作为任何一个成人对该样品喜好程度的参考，还可以推知成人总体对该样品爱好的相对程度。

2. 方　法

2.1　被　试

全班被试为研究生二年级学生，共 9 名，其中男 3 名，女 6 名，年龄平均为 26 岁，无色盲色弱者，视力和听力都基本正常。

本组被试 2 人，视力、听力基本正常。

2.2　材　料

不同品牌、颜色、形状的香烟包装 10 种。

2.3　程　序

2.3.1　用对偶比较法测定对香烟包装的爱好程度。

① 在呈现香烟包装之前，给被试的指导语是："我将陆续给你呈现一对香烟包装。请仔细辨别所给你的每一对香烟包装，从每一对香烟包装中选出你最喜欢的一个。"每一个香烟盒都被事先标上了番号，便于主试辨别呈现顺序，分别是 A、B、C、D、E、F、G、H、I、J。按预先规定的顺序并排呈现成对香烟盒让被试辨别，被试选出每一对香烟盒中最喜欢的那一种后，把辨别结果填入记录表格中。

② 比较呈现香烟盒的顺序按表 1 排列（按随机顺序）。

表 1　比较呈现香烟盒的顺序表

序号	A	B	C	D	E	F	G	H	I	J
A（茶花）		16	4	23	22	6	12	11	30	41
B（香格里拉）	35		31	33	13	29	44	34	15	37
C（福牌）	39	44		43	39	2	17	24	10	25
D（红河）	9	45	33		3	41	40	21	36	8
E（桂花）	42	34	30	40		20	9	38	45	26
F（恭贺新禧）	4	23	8	3	14		18	7	32	1
G（金版纳）	20	27	1	19	6	2		42	28	27
H（红塔山）	29	13	24	10	15	11	36		5	14
I（世纪红塔）	26	43	41	38	18	32	37	22		19
J（龙泉）	7	28	21	5	17	25	31	12	16	

注：以下各表中各种香烟盒的番号均以此表为准。

在进行右上角的 45 次比较时，竖行编号的香烟盒都放在左面，做完这 45 次比较后休息 5 分钟。在做左下角的 45 次比较时，横行编号的香烟盒都放在左面。

③ 第一个被试做完后，第二位被试按上述程序接着进行实验，结果记入另一表格中。

2.3.2 用等级排列法比较10个香烟盒的爱好程度。

① 给被试的指导语为："我将给你呈现10个不同品牌、不同包装的香烟盒，请你对每一种香烟包装的喜好程度做出评判，如可以对每一种香烟盒的喜好程度用百分制打分。在你观察这些香烟包装的过程中，按你的评判把这些香烟盒排列起来，把你认为最喜欢的排在第一位，其次放在第二位，余以此类推，排完后你可以进行调整，直到你认为满意为止。然后，再反序排一次，也即你认为最不满意的排在第一位，其次放在第二位，余以此类推。排列无所谓对与错，只要按你的喜好程度排列就行。"

② 向被试呈现10个不同品牌、不同包装的香烟盒，让被试辨别排列，并将结果填于记录表格中。

3. 结 果

表2 本组被试一对香烟包装爱好程度的实验结果及处理（对偶比较法）

序号	A	B	C	D	E	F	G	H	I	J
A		B	A	A	A	A	A	A	A	A
B	B		B	B	B	B	B	B	B	B
C	A	B		D	C	C	C	C	I	C
D	A	B	D		D	D	D	D	I	D
E	A	B	C	D		E	E	E	I	E
F	A	B	C	D	E		F	H	I	F
G	A	B	C	D	E	F		H	I	J
H	A	B	C	D	E	H	H		I	H
I	A	B	I	I	I	I	I	I		I
J	A	B	C	D	E	F	J	H	I	
C	16	18	10	12	8	4	0	6	14	2
P	0.89	1.00	0.56	0.67	0.44	0.22	0.00	0.33	0.78	0.11
Z	+1.22	+3.99	+0.15	+0.44	−0.15	−1.18	−3.99	−0.44	+0.77	−1.22
Z′	5.21	7.98	4.14	4.43	3.84	2.81	0	3.55	4.76	2.77
顺序	2	1	5	4	6	8	10	7	3	9

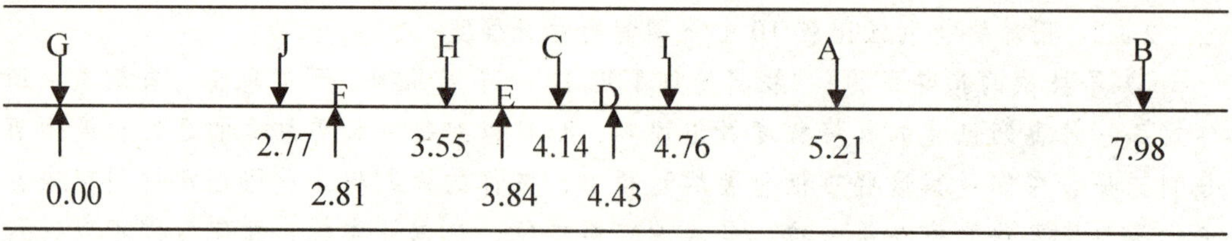

图 1　本组被试一对 10 种香烟盒的喜好程度（按 Z′值）

表 3　本组被试二对 10 种香烟包装爱好程度的实验结果及处理（对偶比较法）

	A	B	C	D	E	F	G	H	I	J
A		A	A	A	E	A	A	A	I	A
B	A		C	D	E	B	B	H	I	B
C	A	B		D	E	C	C	H	I	C
D	A	D	D		D	D	D	D	I	D
E	A	E	E	E		E	E	E	I	E
F	A	B	C	D	E		G	H	I	F
G	A	B	C	D	E	G		H	I	G
H	A	H	H	D	E	H	H		I	H
I	I	I	I	I	I	I	I	I		I
J	A	B	C	D	E	F	G	H	I	
C	15	7	7	13	14	2	4	10	18	0
P	0.83	0.39	0.39	0.72	0.78	0.11	0.22	0.56	1.00	0.00
Z	0.96	−0.28	−0.28	0.58	0.77	−1.23	−0.77	0.15	3.99	−3.99
Z′	4.95	3.71	3.71	4.57	4.76	2.76	3.22	4.14	7.98	0.00
顺序	2	6.5	6.5	4	3	9	8	5	1	10

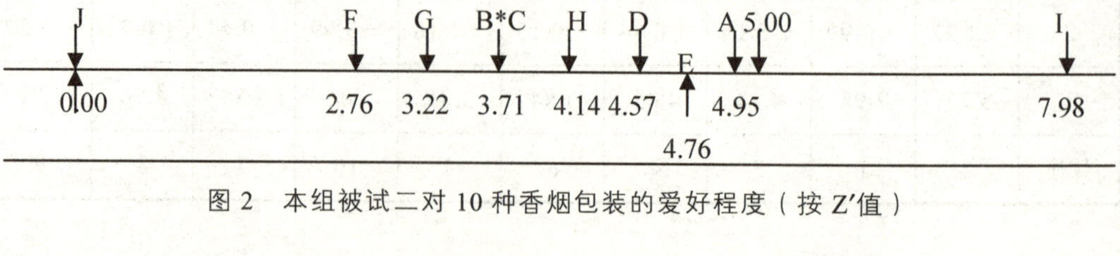

图 2　本组被试二对 10 种香烟包装的爱好程度（按 Z′值）

表 4　本组两被试对 10 种香烟包装爱好程度的实验结果处理表

	A	B	C	D	E	F	G	H	I	J
C	31	25	17	25	22	6	4	16	32	2
P	0.86	0.69	0.47	0.69	0.61	0.17	0.11	0.44	0.89	0.06
Z	1.08	0.50	−0.08	0.50	0.28	−0.96	−1.23	−0.15	1.23	−1.56
Z′	2.64	2.06	1.48	2.06	1.84	0.6	0.33	1.41	2.79	0.00
顺序	2	3.5	6	3.5	5	8	9	7	1	10

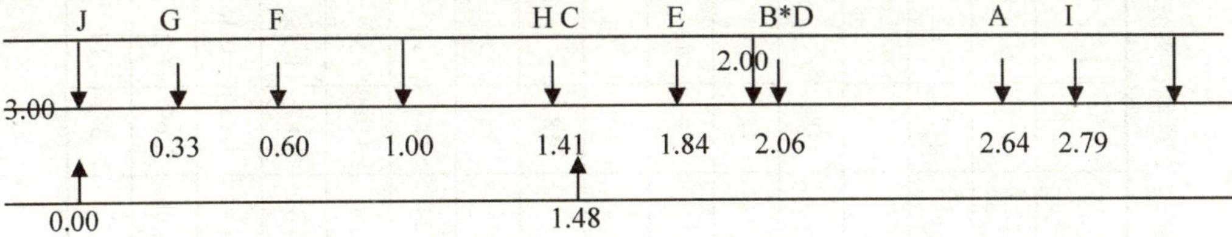

图 3　本组两被试对 10 种香烟包装的爱好程度（按 Z′值）

表 5　本组两被试对 10 种香烟包装爱好程度的实验结果及处理（等级排列法）

被试及次数 \ 样品		A	B	C	D	E	F	G	H	I	J
被试 1	1	2	1	5	4	6	8	10	7	3	9
	2	2	1	5	4	6	8	10	7	3	9
被试 2	3	2	6	7	3	4	9	8	5	1	10
	4	2	6	7	4	3	9	8	5	1	10
Σ		8	14	24	15	19	34	36	24	8	38
平均等级 M_R		2	3.5	6	3.75	4.75	8.5	9	6	2	9.5
平均选择分数 M_C		8	6.5	4	6.25	5.25	1.5	1	4	8	0.5
P		0.89	0.72	0.44	0.69	0.58	0.17	0.11	0.44	0.89	0.06
Z		1.23	0.58	−0.15	0.50	0.20	−0.96	−1.23	−0.15	1.23	−1.56
Z′		2.79	2.14	1.41	2.06	1.76	0.6	0.33	1.41	2.79	0.00
顺序		1.5	3	6.5	4	5	8	9	6.5	1.5	10

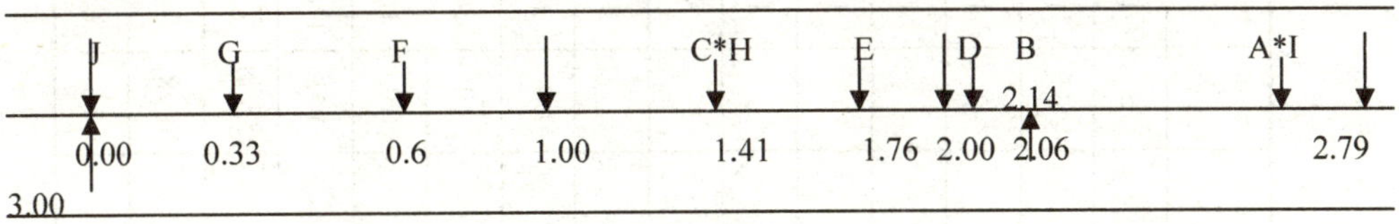

图 4　本组两被试对 10 种香烟包装的爱好程度（等级排列法）（按 Z′值）

表 6　全班被试对多种香烟包装爱好程度的实验结果及处理（对偶比较法）

被试＼样品	普通红云	精品红河	茶花	红塔山	石林	红双喜	恭贺新禧	精装红云	福牌	世纪红塔	精品云烟	红云烟	金塔	香格里拉	桂花	金版纳	龙泉	大重九	红河	平福
1	5	11	7	14	17	2	0	11	6	17										
2		12	5				2		5	16	18	7	11	13	1					
3	5	10	6	14	18	2	0	12	7	16										
4		10		5		12	0		14		6			18				13	2	10
5		14	8				0		3	15	6	10	13	18	3					
6		13	15	10			2		7	18				7	14	4	0			
7		8				5	12		7		12	12		18				16	0	
8		14				9	3		7		4	14		18				14	7	
9		12	16	6			4		10	14				18	8	0	2			
Σ	10	104	57	49	35	30	23	23	66	96	46	43	24	110	26	4	2	43	9	10
C	10	104	57	49	35	30	23	23	66	96	46	43	24	110	26	4	2	43	9	10
P	0.28	0.64	0.53	0.54	0.97	0.33	0.14	0.64	0.41	0.89	0.51	0.60	0.67	0.87	0.36	0.11	0.06	0.80	0.17	0.56
Z	−0.58	0.36	0.08	0.10	1.89	−0.44	−1.08	0.36	−0.23	1.23	0.03	0.26	0.44	1.13	−0.36	−1.23	−1.56	0.84	−0.96	0.15
Z′	0.98	1.92	1.64	1.66	3.45	1.12	0.48	1.92	1.33	2.79	1.59	1.82	2.00	2.69	1.20	0.33	0.00	2.40	0.60	1.71
顺序	16	6.5	11	10	1	15	18	6.5	13	2	12	8	5	3	14	19	20	4	17	9

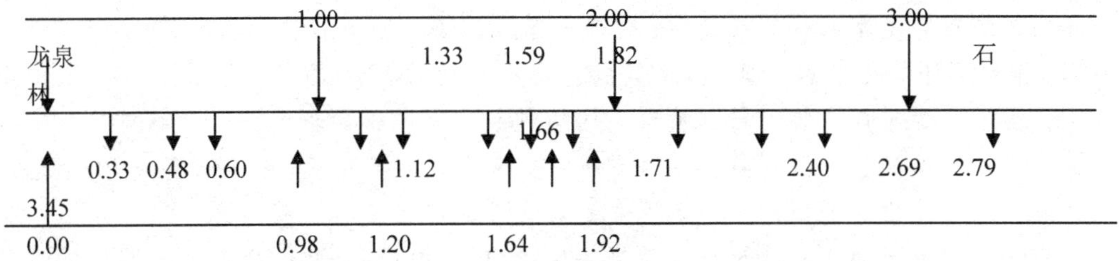

图 5　全班被试对多种香烟包装的爱好程度（据表 6 中的 Z′值）

4. 分析与讨论

4.1　对结果的分析

4.1.1　图 1 是根据表 2 中的 Z′ 制出的对 10 种香烟包装爱好程度的顺序量表，从该量表中可以查知本组被试一最喜欢 B（香格里拉牌香烟包装），最不喜欢 G（金版纳牌香烟包装），其喜欢顺序为 B、A、I、D、C、E、H、F、J、G，并且最喜欢的 B 和最不喜欢的 G 与其他 8 种的距离均较大。

4.1.2　图 2 是根据表 3 中的 Z′ 值制出的对香烟包装爱好程度的顺序量表，从该量表中可以查知本组被试二最喜欢 I（世纪红塔牌香烟包装），最不喜欢 J（龙泉牌香烟包装），其喜爱顺序为 I、A、E、D、H、C（B）、G、F、J，其中对 C 和 B 喜欢程度相等，并且最喜欢的 I 和最不喜欢的 J 与其他 8 种的距离均较大。

4.1.3　图 3 是根据表 4 中的 Z′ 值制出的本组两被试对香烟包装爱好程度的综合的顺序量表，从该量表中可查知两被试综合起来最喜欢 I（世纪红塔牌香烟包装），最不喜欢 J（龙泉牌香烟包装），喜爱顺序为 I、A、D（B）、E、C、H、F、G、J，其中对 D 和 B 的喜欢程度一样。

4.1.4　图 4 是根据表 5 中的 Z′ 值制出的本组两名被试对 10 种香烟包装爱好程度的顺序量表，从表中可查知本组两被试最喜欢 I（世纪红塔牌香烟包装）和 A（茶花牌香烟包装），并且对两者的喜欢程度一样，最不喜欢的是 J（龙泉牌香烟包装），喜欢顺序为 I（A）、B、D、E、H（C）、F、G、J，其中对 H 和 C 两者的喜欢程度也是一样的。

4.1.5　图 5 是根据表 6 中的 Z′ 值制出的全班 9 名被试的对多种香烟包装爱好程度的顺序量表，由于各实验小组所用香烟包装材料有较大差异，本量表只是根据已有数据按既定统计方法粗略制定而成。从该量表可查知全班被试最喜欢的是石林牌香烟包装，最不喜欢的是龙泉牌香烟包装，喜爱顺序依次为：石林、世纪红塔、香格里拉、大重九、金塔、精品红河、精装红云、红云烟、红塔山、茶花、精品云烟、福牌、桂花、红双喜、普通红云、红河、恭贺新禧、金版纳、龙泉，并且对香烟包装爱好程度的距离较之单个被试大为缩小。

4.2　对结果的讨论

4.2.1　在用对偶比较法测定对 10 种香烟包装的爱好程度的实验中，被试对香烟包装的判断不同，就表示被试对香烟包装的爱好程度不一样，所以在本实验中，10 种不同的香烟包装是本实验的自变量，对香烟包装的不同爱好程度是因变量，照明条件、时间、排列顺序等为控制变量；在用等级排列法测定对10种香烟包装的喜好程度的实验中，由不同的香烟包装可得到被试不同的判断，所以本实验中被试对不同香烟包装的喜好程度为本实验的因变量，10种不同的香烟包装为自变量，香烟包装的排列顺序、室内照明、被试当时的情绪状态等因素是本实验的控制变量。

4.2.2　在用对偶比较法和等级排列法比较 10 种香烟包装的实验中，香烟包装的不同之处在于品牌、颜色、形状、包装上的字体、图案设计、包装纸的质量等方面。被试的能力水平、兴趣爱好等可以有不同的发展趋向，如有人擅长摄影，有人爱好绘画，有人喜欢书法，有人偏好某种颜色，有人重视环保卫生，有人本有吸烟的经验等，这样可造成被试根据不同的标准来进行判断排列，有的可以以品牌、颜色、形状、包装上的字体、图案设计、包装纸的质量、对香烟的经验等因素中的一种为依据，有的可以其中的两者为依据，有的则可能以其中的三者甚至多种的综合为依据。这样不同的被试对10种香烟包装的判断排列不尽相同，总会存在一定差异，结果在一定程度上能反映出被试的生活经验、兴趣爱好等方面。

4.2.3　从全班被试的实验结果中可以发现，全班被试最喜欢的是石林、世纪红塔牌香烟包装，这说明这两种香烟包装在包装纸的质量、图案设计、颜色等方面最能给人以愉悦的感受，比较受人欢迎；全班被试最不喜欢的是龙泉、金版纳牌香烟包装，说明这两种香烟在包装图案设计、颜色、字体等方面不能给人以愉悦的视觉感受，还没有创出名牌。

4.2.4　从本实验过程中可以看出对偶比较法有两个主要特点：刺激总是成对出现，进行两两比较；对某一刺激就某一特点进行比较，而古典心理物理法中的恒定刺激法也是将某一比较刺激与标准刺激进行比较，而且也是就某一特点进行比较，这与对偶比较法极为相似。但相比较两者具有如下几点区别。

① 测定的内容不同。恒定刺激法测定的感觉阈限即绝对阈限和差别阈限问题，而对偶比较法则是用来制成心理顺序量表，测定的是阈上感觉问题。

② 两者影响实验的被试主观因素不同。恒定刺激法实验较少受到被试主观因素的影响，对偶比较法则要受被试的能力水平、当时心境、个性等因素的影响，主观因素影响较大。

③ 实验刺激变量不同。恒定刺激法测定差别阈限的每一次比较中都有一个恒定不变的标准刺激与比较刺激相对照，且比较刺激一般为5～9个，而对偶比较法中的刺激变量都为比较刺激相互对照，数目可多可少。

④ 两者实验次数有差异。恒定刺激法中每个比较刺激至少和标准刺激比较 10 次，次数越多效果越精确，而对偶比较法中对比的总次数为 $n(n-1)$，其中 n 为刺激数目。

⑤ 被试判断方式不同。恒定刺激法中可以有比较刺激比标准刺激“大于”“小于”“相等”三种判断，而对偶比较法实验中必须从两者中选其一。

⑥ 对结果计算方式不同。恒定刺激法统计的是每一比较刺激三种判断的比例；而

对偶比较法则计算某一刺激的选择次数（C）在该刺激呈现的总次数中所占的比例，即 $P=C/2(n-1)$。

⑦ 误差控制方式不同。为了控制时间或空间、联系或疲劳的误差，恒定刺激法中各刺激比较的顺序随机排列，标准刺激在前在后的次数相等且随机排列，间隔一定次数要休息一定时间；为了时间误差或空间误差、顺序误差等，在对偶比较法中前一半次数随机排列，纵列的刺激放在前或左面，后一半次数则是横列的刺激在前或左面，顺序可按前一半实验的顺序：从最后依次开始到第一次结束，两半实验间休息一次。

⑧ 实验结论不同。通过恒定刺激法实验得到的是个体的感觉阈限值，即绝对阈限和差别阈限值，而通过对偶比较法得到的是个体或群体对某些刺激按某一特性排列的相对等级。

从以上讨论中可知恒定刺激法的应用范围是测定感觉阈限，即绝对阈限和差别阈限，而对偶比较法的应用范围是测量阈上感觉问题。

5. 小　结

5.1　本组被试一最喜欢香格里拉牌香烟包装（B），最不喜欢金版纳牌香烟包装（G），其喜欢顺序为 B、A、I、D、C、E、H、F、J、G；本组被试二最喜欢世纪红塔牌香烟包装（I），最不喜欢龙泉牌香烟包装（J），其喜爱顺序为 I、A、E、D、H、C（B）、G、F、J，其中对 C 和 B 喜欢程度相等；两被试综合起来最喜欢世纪红塔牌香烟包装（I），最不喜欢龙泉牌香烟包装（J），喜爱顺序为 I、A、D（B）、E、C、H、F、G、J，其中对 D 和 B 的喜欢程度一样。

5.2　全班 9 名被试最喜欢的是石林牌香烟包装，最不喜欢的是龙泉牌香烟包装，喜爱顺序依次为：石林、世纪红塔、香格里拉、大重九、金塔、精品红河、精装红云、红云烟、平福、红塔山、茶花、精品云烟、福牌、桂花、红双喜、普通红云、红河、恭贺新禧、金版纳、龙泉，并且对香烟包装爱好程度的较之单个被试趋于一致。

5.3　世纪红塔、石林等香烟包装最受人欢迎，而龙泉、金版纳等香烟包装设计有待改进。

6. 参考文献

[1]　郝葆源，等. 实验心理学[M]. 北京：北京大学出版社，1983.
[2]　杨治良. 基础实验心理学[M]. 兰州：甘肃人民出版社，1988.
[3]　朱滢. 实验心理学[M]. 北京：北京大学出版社，2000.
[4]　杨博民. 心理实验纲要[M]. 北京：北京大学出版社，1989.
[5]　彭聃龄. 普通心理学[M]. 北京：北京师范大学出版社，1987.

7. 附　录

表 2、表 3、表 4 中的 $P=C/2(n-1)$，其中 $n=10$。

表 5 中的 $P=MC/(n-1)$，其中 MC 为平均选择分数，计算公式为 $MC=n-MR$。

表 6 中的 $P=C/[N^*(n-1)]$，其中 N 为使用该材料实验人数，$n=10$。

第二章　注意心理实验

【内容提要】

注意是心理活动对一定对象的指向和集中。它不是独立的心理过程，而是贯穿于各种心理过程中，伴随着感觉、知觉、记忆、思维等心理活动而进行，在复杂多变的环境中，人们选择并专注于一定的对象，以得到准确、清晰、深刻的反映。因此，注意是学生顺利学习的必要前提，教师在教学中应善于利用注意规律，组织培养学生的注意力；还要根据学生的年龄特点及个别差异，教育学生学会分析自己注意的优缺点，以便在学习中扬长避短。本章选择了注意研究中的部分实验，一是通过学习及操作能更好地认识、理解注意现象；二是在实验中积累研究注意的方法，为今后研究分析学生注意特点奠定坚实的基础。

【学习重点】

1. 掌握研究注意稳定、注意广度、注意分配的基本方法。
2. 熟悉注意的各种特性之间的关系，为今后在工作实践中正确认识注意特征、合理利用注意特点、有效提升注意能力奠定正确的思路和科学的方法。

一、注意稳定实验

注意的稳定性也称为“注意的持久性”，是指注意在同一对象或活动上保持时间的长短。这是注意的时间特征。

注意的稳定性有狭义与广义之分。狭义的稳定性是指注意在某一事物上所维持的时间，如长时间看电视、读一本书等，但人在注意同一事物时，很难长时间地对注意对象保持固定不变。例如，把一只表放在耳边，保持一定距离，我们能隐约听到表的嘀嗒声，但在实际研究中会出现时而听到表的嘀嗒声，时而又听不到的现象。注意这种周期性变化的现象，叫作“注意的起伏”。在注视两可图时，可以明显体验到注意的起伏。广义的稳定性是指注意在某项活动上保持的时间。在广义的稳定性中，注意的具体对象可以不断变化，但注意指向的活动的总方向始终不变。例如，学生在听课的时候，跟随教师的教学活动，一会儿看黑板，一会儿记笔记，一会儿读课文，一会儿思考，虽然注意的对象不断变换，但都服从于听课这一总任务，因此注意仍然是稳定的。

影响注意稳定性的因素有注意对象的特点、主体的精神状态、主体的意志力水平等。稳定的注意是学生学习活动顺利进行的心理保证。

研究注意稳定的方法很多，本课程选择划消实验来说明注意稳定的特征。

（一）划消实验简介

划消实验是比较不同个体在完成工作的速度和准确性上的差异的常用测验。在划消测验中，事先规定了某种符号为目标，给出被试一张排列着各种符号的大表，要求被试迅速、准确地找到其中的规定符号并划去。划消用的材料多是简单的符号、英文字母、几何图形、数字等。由于划消任务对于所有被试而言有着基本相同的熟悉程度，能够很好地排除职业、文化程度等因素的影响。

自从 19 世纪末以来，划消实验曾用来了解和比较被试的知觉速度、辨认准确性、注意力、智力落后、疲劳、校对工作的效率等。为了完成划消任务，被试要高度集中注意力，准确而迅速地在许多类似的对象中辨认出规定的特定对象。如果划消实验的工作量很大，需要的时间较长（10 分钟以上），就要求被试能够保持较长时间的紧张状态，并始终保证工作的高效率，因此划消实验在一定程度上也能够反映受测者的坚持性、意志力、疲劳度等。

划消实验可以分为限定工作量和限定时间两种方式。限定工作量的划消实验通常用于个别实验，限定时间的划消实验由于时间统一，在集体测试中显得更加方便，但在计算工作量时会受到一些混淆因素的影响,因此精确性不如限定工作量的划消实验。在实际使用中，限定工作量和限定时间的方法都是常用的，但是不能把用两种方法测得的结果进行比较。

（二）实验目的

了解划消实验，测定划消任务的个体差异。

（三）实验材料

随机分布的数字表（25 × 25）、计时器、有色铅笔。

（四）实验程序

给被试一张数字表和一支彩色笔，先让他在表上写好姓名，然后对他说："这是一个划消的实验。要求你把某个数字划掉，划掉哪个数字等一会再告诉你。划的办法是：一行一行地从左到右逐个进行，凡遇到指定的数字就划掉，一直要把这张数字表看完，把该划的数字划完。不要把指定数字以外的数字划掉，也不要把指定的数字漏掉，还要尽量快划。我要记你划这张数字表所用的时间。等我喊开始时你再划。好，请你看到表上的 3 时就划掉。现在开始。"主试同时启动秒表，记下被试做完一张数字表所用的时间（s）。

（五）实验任务和要求

在实验中注意检查被试的做法是否符合要求，如果发现被试同时划 2 行、3 行，不是一行一行地划；或者不是从左到右划，都要立即纠正，并另换一张数字表重新再做。

换被试按同样的方法进行实验。一直到所有被试测试完毕。

（六）实验结果

分别统计每个被试的实验时间（T）、划掉符号的个数（C）、漏划符号的个数（O）、错划符号的个数（W）、计算划消的精确度（A）和工作效率（E），如表 2-1 所示。

表 2-1　划消效率比较表

被试	T	C	O	W	A	E
1						
2						
3						
…						

注：$A=\dfrac{c-w}{c+o}$　　$E=100\times\dfrac{A}{T}$。

（七）问题与讨论

（1）划消工作效率与平时工作效率是否一致？（根据本实验结果及对他们平时的观察）

（2）年龄与工作效率、精确度、所用时间是否相关。

（3）利用划消实验原理设计一款适合幼儿（或小学生）的活动，用于训练和提高注意力。

二、注意广度实验

（一）注意广度实验研究简介

“人在同一时间可以注意到多少个项目？”这是心理学家从哲学家那里继承下来的一个问题。哲学家们通过思辨式的讨论认为，这个项目数是有限度的。1871 年杰文斯（W. S. Gevens）发表在《自然》杂志上关于在白盘子里抛撒黑豆并估计黑豆数目的实验研究的就是这类问题。后来心理学家把这种现象叫作“注意广度”“知觉广度”或“领会广度”。杰文斯在实验中每次抛撒的黑豆从 3 粒到 15 粒，共抛撒了 1006 次。结果如表 2-2 所示。

表 2-2　对各种数目的黑豆估计 1006 次的结果

估计的结果	实际抛撒黑豆的数目												
	3	4	5	6	7	8	9	10	11	12	13	14	15
总次数	23	65	107	147	156	135	122	107	69	45	26	14	11
平均数	3.0	4.0	5.1	6.1	7.1	8.0	8.9	9.7	10.5	11.5	12.2	13.1	13.7
标准差	0.0	0.0	0.3	0.4	0.5	0.7	0.7	0.9	1.0	0.9	1.0	1.3	1.0

从表中可以看出，估计正确的平均数最多可以到 8。从估计的标准差来看，抛撒黑豆的实际数目越大，估计数的分散程度越大。

注意广度是一个阈限的问题。因此这类研究主要采用心理物理法，即有 50%的可能性估计对的那个数目就是注意广度。

影响注意广度的因素很多，W. S. Hunter 和 M. Sigler 曾对刺激呈现的时间和呈现刺激的背景照度进行过实验研究。他们用的呈现时间的范围从 4 ms 到 4 s，照度的范围从 0.01 ~ 10 mlx，一般说来，呈现时间越短，注意广度越小；照度越强，注意广度越大。但 Hunter 等人的实验结果证明，呈现时间（t）和照度（I）是可以互相补偿的，即 I 和 t 的乘积是一个常数。不过这种互相补偿的作用并不是没有限度的，如果注意广度在 8 点和 8 点以下，当 t 缩短时可以借助增加照度来补偿，但超过 8 点，这个关系就不起作用了。此外，材料组织的方式和练习对注意广度都有影响。因此，当在个体之间比较注意广度的大小时，测定注意广度的条件必须相同。另外，注意广度通过学习和训练是可以提高的，因此若多次实验后，测量结果有上升的趋势。

（二）实验目的

掌握测定视觉注意广度的方法，了解影响注意广度的条件；测量个体的视觉注意广度。

（三）实验材料

EP2004 型心理实验台及 EPT801 速示仪；点子卡片 2 组，规则排列和不规则排列各 13 张，注视卡 1 张，练习卡 2 张。

（四）实验程序

（1）先将卡片按随机原则排列好（先排规则再排不规则），并在记录纸上标出卡号及点子数目。

（2）将主机与附机 EPT801 连接好，打开电源，按“运行/待机”键。

（3）主试根据屏显内容设置：联机模式→注意广度→学号→姓名→A 视场（0.1 秒）→间隔（5 秒）→测试（2 次），将练习卡片插入 A 视场，将注视卡片插入 B 视场，讲完指导语后按“确定”键。被试见绿色指示灯后，按附机上“确定”键试做几次。试做完毕，主试选“再做一次”，设置次数改为 13（已默认），按“确定”键，绿色指示灯亮，提示被试正式实验可以开始。主试按记录表排定的顺序在屏幕上“▲”对着间隔时，依次插入卡片。另一名主试（本实验需 3 人）则记录被试口头报告的点子数目。

（4）指导语：在你按“确定”键后，会逐张呈现规则点子图，请你注意看并根据内容报告有几个黑点，要尽快报告。

（5）被试见绿色指示灯亮后，眼睛靠近观察窗口，看注视卡片，并按“确定”键，测试开始，被试根据看到的卡片内容口头报告有几个黑点，直到做满 13 次，黄色指示灯亮，测试结束。

（6）主试按“再做一次”，换无规则卡片按上述相同方法再次测试并记录点子数。按“再做一次”，更换被试继续实验。

（五）实验结果

（1）分别统计每个被试正确判断的百分数。

（2）以刺激数目为横坐标，正确判断的百分数为纵坐标画曲线，用直线内插法求出 50% 实验次数被正确判断的刺激数，即为被试对该刺激的注意广度（阈值）。

（六）问题与讨论

（1）比较分散与规则排列的注意广度是否存在差别，试分析原因。

（2）影响注意广度的因素。

（3）注意广度是否存在个体差异（考虑年龄、性别、文化程度、职业、情绪）。

三、注意分配实验

（一）注意分配研究简介

最早对注意分配特征进行实验研究的是双耳分听实验。彻里（Cherry，1953）给被试的两耳同时呈现两种材料，让被试大声追随从一个耳朵听到的材料，并检查被试从另一耳朵所获得的信息。前者称为“追随耳”，后者称为“非追随耳”。结果发现，被试从非追随耳得到的信息很少，当原来使用的英文材料改用法文或德文呈现时，或者将课文颠倒时，被试也很少能够发现。这个实验说明，从追随耳进入的信息，由于受到注意，因而得到进一步的加工、处理，而从非追随耳进入的信息，由于没有受到注意，因此，没有被人们所接受。

1960 年，格雷（Gray）等人在一项实验中，通过耳机给被试两耳依次分别呈现一些字母音节和数字，左耳：ob-2-tive；右耳：6-jec-9。要求被试追随一个耳朵听到的声音，并在刺激呈现之后做出报告。结果发现，被试的报告既不是 ob-2-tive 和 6-jec-9，也不是 ob-6，2-jec，tive-9，而是 objective。格雷的实验证明，来自非追随耳的信息仍然受到了加工（见图 2-1）。

图 2-1　注意分配

1978 年约翰斯顿和亨兹也进行了类似的研究。它的实验结果是追随耳获得的是比较完全的加工信息，最少也能获得信息的 87%，而非追随耳只能获得信息的 8%。这就是说在意识的控制下，注意是依据经验的需要对于外来信息采取积极主动的方式进行加工处理的。

日常生活中我们看到有人能“眼观六路，耳听八方”，活动时能“左右逢源”；有人可以一心二用，甚至可以“三用”或“四用”，但也有人会顾此失彼。这些都和注意分配能力有关。心理学关于注意分配的研究成果是丰富的，这些研究充分说明，注意在一定条件下是可以分配的。注意分配能力在很大程度上也影响着我们的工作效率。例如，注意分配能力较强的教师在讲课的同时可以很准确地观察学生；另外，司机也需要有较好的注意分配能力。

（二）实验目的

学会使用注意分配实验仪；验证注意分配的可能性与条件；为学习的进程和疲劳状况的研究提供科学依据与技术手段；为职业选择提供研究数据等。

（三）实验仪器

EP708 注意分配实验仪，如图 2-2 所示。

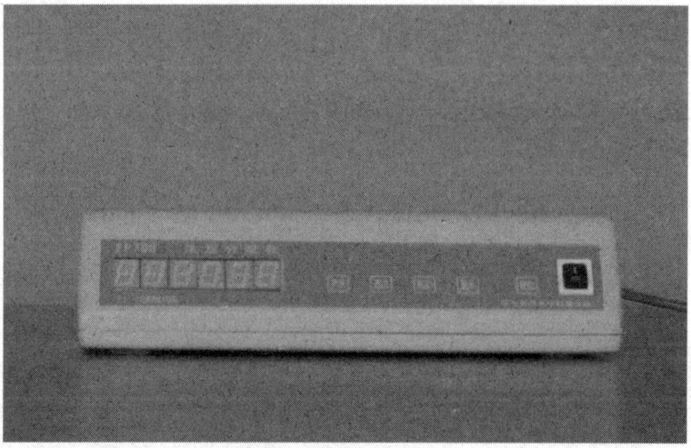

图 2-2　EP708 注意分配实验仪

（四）实验程序

（1）插好电源，打开电源开关。

（2）检测仪器（试音、试光）。让被试分别按压三个声音键并分辨三种不同的音调；再分别按压 8 个光按键并确认均能正常发光；按启动键，操作指示灯亮，设备正常，可以开始实验。

（3）实验（1）声实验。主试按“声光”键，选显示声（S），按“选次”键显示 20 次，按“显示”键确认；告诉被试指导语：“当你听到高、中、低三个声音时，请用你优势手的无名指、食指和中指分别按高、中、低三个声音键，反应越快越好。”然后，主试按启动键，实验开始，当工作指示停止发声，实验结束，主试按“显示”键，将结果记录在表中。

实验（2）光实验。主试按“声光”键，选显示光（L），按“选次”键显示 20 次，按“显示”键确认；告诉被试指导语：“当你看到灯光亮时，请用你的优势手的食指尽快按压灯光键，反应越快越好。”然后主试按启动键，实验开始，当工作指示停止发光，实验结束，主试按“显示”键，将结果记录在表中。

实验（3）声 + 光注意分配实验。主试按“声光”键，选显示声光（S-L），按“选次”键显示 20 次，按“显示”键确认；告诉被试指导语：“这次要测量你的注意分配能力。你要一边听声音，一边看灯光。当你听到高、中、低 3 个声音时，请用你右手的食指、中指和无名指分别按高、中、低 3 个声音键，同时用你的左手的食指尽快按压灯光键，要两边兼顾，反应越快越好。”然后主试按启动键，实验开始，当声光全无，工作指示灯灭时，实验结束，主试按“显示”键，将结果记录在表中（见表 2-3）。

表 2-3　注意分配实验数据记录表

	声实验		光实验		声光实验	
	反应时间	正确反应次数	反应时间	正确反应次数	反应时间	正确反应次数
1						
2						
3						
…						

（五）实验任务和要求

每个被试需完成三组实验，总共完成九组实验。每组实验结束后休息两分钟。另外，在预实验中应提醒被试仔细分辨并记住高、中、低音，避免出现因辨音不准造成误差。

（六）实验结果

比较被试的注意分配能力。

$$Q=\sqrt{\frac{S_2}{S_1}\cdot\frac{F_2}{F_1}}$$

其中，S_1 为单一声刺激时的正确反应次数，S_2 为声光刺激时声的正确反应次数；F_1 为单一光刺激时的正确反应次数，F_2 为声光刺激时光的正确反应次数。

（六）问题与讨论

根据结果，分析说明影响注意分配的条件及注意分配的可能性；分析注意分配的个体差异；分析职业训练对注意分配能力的影响。

四、注意心理实验报告示例

大学生注意分配实验

1. 背景知识

注意分配，又称“时间共享”，是指在同一时间内把注意分配到不同的对象上。注意分配是可能而且是有效的，但注意的分配是有条件的，条件之一是要有熟练的技能技巧。也就是说，在同时进行的多项活动中，只能有一种是活动生疏的，需要集中注意于该活动上，而其余动作必须达到一定的熟练程度，稍加留意即能完成。条件之二是有赖于同时进行的几种活动之间的关系，如果它们之间没有内在联系，同时进行几种要困难些。当它们之间形成某种反应系统后，组织更加合理时，注意分配才容易完成。注意分配的能力是在后天的生活实践中得到训练发展的。最初，对注意分配的研究来源于心理学家对生活的细心观察。J. 贾斯特罗和 W. B. 凯恩尼斯发现一个人在一边用一只手快速地敲打时，能很快地加数目和阅读。潘尔哈姆记录了教师一边朗诵一首熟悉的诗，一边手写另一首熟悉的诗的例子。1973 年，卡内曼提出资源限制理论，他把注意看作心理资源，认为心理资源总是有限的，有限的心理资源限制了个体同时操作不同的多种活动。此后，诺曼和博布罗进一步精确化了心理资源的概念。他们认为，对于两个同时进行的作业，因为对资源的总需求量超过中枢能量，而发生相互干扰，从而影响了个体有效地对两个活动的注意。目前心理学家普遍认为，注意分配的实现，需要同时进行的活动中有个体熟练的技能技巧，且集中活动之间有一定的内在联系。注意分配被证实可以通过后天的训练得以发展，它也是从事复杂工作的必备条件。但是通过该实验得到的“单独的视觉成绩”和“单独的听觉成绩”并不是纯粹的。还有一些误差没有控制好，即不同性别的被试的平均水平所得到的结果是有差异的，同时实验也受被试情绪的影响，状态的好坏也会影响试验结果的准确性。特别是性别差异这方面有待进一步分析，才能知道性别是否会影响实验结果。

注意分配在生活中也有广泛的应用，吸引了许多心理学家来模拟和观察现实生活中的真实情景。1983 年，坎特维茨等人利用飞行模拟器来研究飞行员的心理负荷能力。他们在实验中让飞行员驾驶模拟飞行器（首要任务）的同时，完成两种或四种音调组成的选择反应的次要任务。以此测试真是飞行中驾驶员的注意分配能力。关于注意的分配实验，研究往往采用多种简单任务，或者主要任务和次要任务相结合的范式，来考察被试的注意分配水平。

2. 实验目的

采用注意分配仪来探讨被试和不同性别的被试的注意分配情况，实验力求探讨：第一，注意分配是否会带来心理负荷的增加，从而导致对视觉或听觉的简单选择任务的作业绩效降低；第二，计算每个被试的注意分配量，并比较分析不同性别被试的差异。

3. 实验材料

3.1 被试

大学在校本科生10名，女生5名，男生5名。视力正常，无色盲，或矫正视力在1.0以上，均为右利手，平均年龄21岁。

3.2 仪器和材料

EP708注意分配仪。有两个操作盒，一个是光反应盒，一个是声反应盒，每个盒都有红黄绿三个按键。

3.3 实验设计

本实验采用多因素被试内设计，自变量为刺激声音（低、中、高），光亮（红、黄、绿）类型；因变量为反应时间。

4. 实验步骤

此实验由3个测试构成，包括测试1对光亮的反应，测试2对声音音调的判断，测试3对声音和光亮的同时判断反应。均使用注意分配仪完成，在第一个光亮实验开始前可以让被试练习10秒钟。每个实验设定为30秒。实验均在一个实验程序里进行，被试可以自己在程序里看到指导语，独自完成实验内容，程序会自动统计实验结果。被试开始实验时按下“继续”键，被试用优势手对光（声）进行反应。

在光亮实验开始时，程序中呈现的指导语为：“当你看到光亮时，请用你的左手的食指尽快按下与所呈现的光亮相对应的按键（红，黄，绿键），反应越快越好。”测试结束后，被试休息30秒后，进行第2个测试，即声调反应，指导语为：“当你听到低、中、高3个声音时，请用你的右利手的食指、中指、无名指分别按低、中、高3个声音键（红、黄、绿键）。反应越快越好。”测试结束后，被试休息30秒后，进行第3个测验声光反应。指导语为：“这次要测量你的注意分配能力。你要一边听声音，一边看灯光。当你听到低、中、高3个声音时，请用你右手的食指、中指、无名指分别按低、中、高3个声音键；同时用你的左手食指尽快按下与所亮灯光相对应的按键。要两边兼顾，反应越快越好。”测试结束后，让被试休息30秒后，开始对被试进行30秒的声反应。测试结束后，又让被试休息30秒，最后进行30秒的光亮反应。依次对10名被试进行测试，系统自动记录每个被试反应的正确次数及相关反应时。试验结束后，对数据进行统计分析。

5. 实验结果

表1 注意分配实验结果统计值

任　务	（男）M	SD	（女）M	SD	（男女）t值
单任务视觉	107.70	14.34	101.20	14.27	0.64
单任务听觉	63.33	18.70	50.60	23.13	0.86
双任务视觉	47.50	20.08	56.87	22.44	－0.62
双任务听觉	24.40	9.22	18.87	9.77	0.82

5.1　单任务下男女的视觉成绩比

由表 1 可知，在测试 1 中的单任务下的男女视觉反应正确次数可得：男生的平均成绩为 107.70，标准差为 32.07；女生平均成绩 101.20，标准差 31.91。利用独立样本 t 检验，在 95% 的置信区间下 t（8）值为 0.29，$p > 0.05$，结果显示不同性别的被试在单任务下的视觉反应上没有显著的差异。即不存在显著的性别差异，性别不同不会严重影响视觉反应的成绩。

5.2　单任务下男女的听觉成绩比较

由表 1 可知，在测试 2 中的单任务下的男女听觉反应正确次数可得：男生的平均成绩为 63.33，标准差为 41.81；女生平均成绩 50.60，标准差 51.73。利用独立样本 t 检验，在 95% 的置信区间下 t（8）值为 0.38，$p > 0.05$，结果显示不同性别的被试在单任务下的听觉反应上没有显著的差异。即不存在显著的性别差异，性别不同不会严重影响听反应的成绩。

5.3　双任务下男女的视觉成绩比较

由表 1 可知，在测试 3 中的双任务下的男女视觉反应正确次数可得：男生的平均成绩为 47.50，标准差为 44.90；女生平均成绩 56.87，标准差 50.17。利用独立样本 t 检验，在 95% 的置信区间下 t（8）值为 −0.28，$p > 0.05$，结果显示不同性别的被试在双任务下的视觉反应上没有显著的差异。即不存在显著的性别差异，性别不同不会严重影响双任务下视反应的成绩。

5.4　双任务下男女的听觉成绩比较

由表 1 可知，在测试 3 中的双任务下的男女听觉反应正确次数可得：男生的平均成绩为 24.40，标准差为 20.61；女生平均成绩 18.87，标准差 21.84。利用独立样本 t 检验，在 95% 的置信区间下 t（8）值为 0.37，$p > 0.05$，结果显示不同性别的被试在双任务下的听觉反应上没有显著的差异。即不存在显著的性别差异，性别不同不严重影响双任务下听反应的成绩。

表 2　注意分配实验同一性别不同任务的显著性检验

性别	单任务视觉 M	SD	双任务视觉 M	SD	T 值
男	107.70	14.34	47.5088	20.0	4.8
女	101.20	14.27	56.8743	22.4	3.3
性别	单任务听觉 M	SD	双任务听觉 M	SD	T 值
男	63.33	18.70	24.404	9.22	3.7
女	50.60	23.13	18.873	9.77	2.5

5.5　不同任务下的相同性别的视觉成绩比较

由表 2 可知，不同任务下相同性别的视觉反应成绩可得：利用 t 检验得，在 95% 的置信区间内，男生的值为 4.88，$p < 0.05$，所以结果显示男生在不同任务下的视觉成绩有显著的差异；在测试 3 中对光反应能力的显著下降，说明新任务的加入耗去了被试的一部分心理资源，降低了被试原有的对光反应的成绩。女生在不同任务下的值为

3.33，$p < 0.05$，所以不同任务下女生的成绩差异显著，说明新任务的加入耗去了被试的一部分心理资源，降低了被试原有的对光反应的成绩。但是从结果分析，男生差异比女生差异在双任务的成绩比单任务下的成绩下降更明显。

5.6　不同任务下的相同性别的听觉成绩比较

由表 2 可知，不同任务下相同性别的听觉反应成绩可得：利用 t 检验，在 95% 的置信区间内，男生的值为 3.74，$p < 0.05$，所以结果显示男生在不同任务下的听觉成绩有显著的差异；在测试 3 中对声反应能力的显著下降，说明新任务的加入耗去了被试的一部分心理资源，降低了被试原有的对声反应的成绩。女生在不同任务下的值为 2.53，$p < 0.05$，所以不同任务下女生的成绩差异显著，说明新任务的加入耗去了被试的一部分心理资源，降低了被试原有的对声反应的成绩。同样从表中数据看出，可从结果分析，男生差异比女生差异在双任务的成绩比单任务下的成绩下降更明显。

6. 讨论及现实意义

6.1　单任务与双任务下作业的成绩比较

此实验结果显示，在测试 3 中的光反应和声反应各自相较于单任务作业时成绩下降。这表明双任务作业的操作确实给被试带来了心理负荷的增加，降低了同一操作（光反应与声反应）的作业成绩。

从表 2 可以发现，不同性别的被试两次成绩下降的幅度有所不同。男生在不同任务下的光反应中单双任务成绩的差距较女生的成绩大，表明男生在双任务下的光反应受到的心理负荷更大，更容易受到干扰。同样在不同任务下的声反应男生成绩的差距也比女生的差距大些，只是差异不是很明显。因此性别差异会导致被试最后光反应和声反应的成绩下降出现差异。

6.2　对三种音调正确反应的讨论

由表 1 可知，被试对声反应的成绩明显比光反应成绩低。光反应可以直接通过视觉判断其颜色即可做出反应，但是声反应的低、中，高音对于非音乐专业的学生来说，要分辨是比较困难的，所以往往会按错键，有时候会随便乱按键，尤其是对于中音键的次数是最少的，因为被试往往不能准确判断音高，因此常常不敢按中音键，导致最后听反应成绩普遍降低。所以听反应成绩会比光反应的成绩低。

6.3　对个体注意量 Q 值的讨论

表 3　注意分配量 Q 值

被　试	男	女
1	0.37	0.35
2	0.26	0.38
3	0.55	059
4	0.40	0.42
5	0.42	0.35
平均	0.40	0.418
总平均	0.409	

由表 3 可知：此实验中被试的注意分配量平均处于 0.409 左右。不同个体之间表现出了不同的差异。在统计数据时，对成绩较好和较差的被试进行访问，发现成绩好的对光和声音的某个反应很熟练，这样可以节省心理资源，可以把更多的注意分配到另一个比较薄弱的任务中。这个结果在一定程度上表明，在完成两个任务时，对一个任务的熟悉，能够促使被试把更多的注意分配到另一个任务上，从而达到“一心二用”的目的，最终使得注意分配能力得到提高。这个结论是从被试的口头报告中推测的，还有待于后人进一步的实验验证。

6.4　实验结果的现实意义

在现实生活中注意分配的例子数不胜数。我们可以一边炒菜一边听音乐，也可以一边走路一边唱歌。这是由于两种任务中，至少会有一样是我们所熟悉的，不需要分配占用很多心理资源的活动。注意的分配能力可以通过后天的训练而提高，通过特定的训练，可以使任务转化为我们熟悉的活动，从而使同时完成多项高难度的任务成为现实。此实验借助注意分配仪，将抽象的注意的心理状态抽离出来，放到特定的情景任务下进行测量和考察。在科学实验手段的帮助下，心理学正在一步步探寻人类更深层次的奥秘。

7. 参考文献

[1]　彭聃龄. 普通心理学[M]. 北京：北京师范大学出版社，2004.
[2]　张厚粲. 现代心理与教育统计学[M]. 北京：北京师范大学出版社，2003.
[3]　梁宁建. 心理学导论[M]. 上海：上海教育出版社，2006.
[4]　黄希庭. 心理学实验指导[M]. 北京：人民教育出版社，1987.

第三章　感知觉心理实验

【内容提要】

客观事物具有许多个别属性，这些属性在人脑中的反应就是感觉。当人们把对事物的不同个别属性加以综合时，就产生了对事物的全面反映，这就是知觉。心理学正是通过对感知觉的研究，逐步脱离哲学，成为一门独立的学科。本章通过听觉、视觉、触觉、错觉等方面的经典心理实验帮助同学们了解心理学的研究方法和研究过程。

【学习重点】

1. 理解阈限的操作定义。
2. 理解色光混合规律。
3. 掌握听觉阈限的测定方法。
4. 掌握大小恒常性的测定方法。
5. 掌握肤觉两点阈的测定方法。

一、听觉阈限的测定

（一）背景知识

1860 年，费希纳在其《心理物理学纲要》一书中系统地总结出测量感觉阈限的方法，从而创立了研究心理量与物理量关系的心理物理法，为心理学实验方法的发展奠定了基础。心理物理法认为人对客观刺激进行加工时，只有刺激的物理强度达到一定水平或者刺激的物理强度的变化幅度达到一定水平，我们才能够感觉到刺激的存在或刺激强度的变化。刚刚能够引起感觉的最小刺激强度的物理量代表感觉的绝对阈限，简称“RL”；刚刚能够引起感觉到有差别的两个物理量之差代表感觉的差别阈限，简称“DL”。

绝对阈限并不是100%引起感觉的刺激强度，或低于它就无法引起感觉。实际上，强度小的刺激引起感觉的概率低，强度高的刺激引起感觉的概率高。有必要对绝对阈限下一个操作定义：这一阈限处于“感觉到”与“感觉不到”的转折点上，可以用有50%的次数能引起感觉、有50%的次数不能引起感觉的物理刺激量来表示。

费希纳提出的测量感觉阈限的方法有三种：最小变化法，也叫“极限法”；恒定刺激法和平均差误法（又叫“调节法”）。本实验采用最小变化法测定听觉的绝对阈限。最小变化法的特点是按物理量的强弱把刺激排成序列，各相邻刺激的强度差别很小而且相等；有两种方法来呈现刺激的顺序：按从强到弱的顺序呈现叫作“渐减法”（用↓表示），按从弱到强的顺序呈现叫作“渐增法”（用↑表示）。一般交替地使用递增和递减系列，以便抵消习惯误差和期望误差。

（二）实验目的

（1）学习如何应用最小变化法。

（2）初步理解纯音听觉阈限与不同频率的关系。

（三）实验仪器和材料

1．仪　器

BD-Ⅱ-116型听觉实验仪。

2．准备工作

（1）接好电路后，预热五分钟，把左右耳选择声音呈现方式的开关固定下来，并将输出功率调到0dB指示刻度。

（2）被试戴上耳机，背向主试和仪器。

（3）逐渐顺次增加或减少声音的强度（拨动衰减开关）了解一下被试在什么程度时听不见，据此确定这次实验使用的强度范围，以被试大概的听觉阈限上下10个dB作为测试范围。测听时可使用64 Hz、128 Hz、256 Hz、512 Hz、1 000 Hz、2 000 Hz、4 000 Hz、8 000 Hz、16 000 Hz共9种频率中的2或3种频率。递减系列从远高于听觉阈限的声音强度开始逐渐衰减，直到被试听见为止，记下这时的衰减值。递增系列从在阈限以下的声音强度开始逐渐增加，直到被试刚刚听到声音为止，记下转折点衰减值。不论递增或递减系列，主试必须随机改变相继系列的起始点。试验中在接近阈限时，递减速度要慢。

（4）画记录表格，每种频率用渐增法（↑），渐减法（↓）各做8次，如表3-1所示。

表 3-1　不同频率响度绝对阈限实验记录表

频率：

声响（dB）	↑	↓	↓	↑	↓	↑	↑	↓	↓	↑	↑	↓	↑	↓	↓	↑
· · · ·																
平均																

（四）实验步骤

（1）实验过程中戴耳机的方式固定，不要换边。

（2）主试必须随机改变相继系列的起始点。每测定四个系列休息三分钟。为了避免被试疲劳，可组成主试、被试各两组，每完成两种频率测听，主试、被试轮换一次。主试两人，一人改变声音频率和强度，一人给预备信号，发出刺激并记录被试反应。主试应事先准备好随机使用的频率和递增、递减系列开始点的安排，并做记录。

（五）实验结果

（1）计算每一次递增系列或递减系列测定的不同频率的纯音听觉的转折点的平均声响值作为此系列的阈限，用所有递增递减系列阈限平均数作为此频率下该被试的听觉阈限。

（2）计算将声级（dB）为纵坐标，以频率（Hz）为横坐标，画出被试几种不同频率声音刺激的纯音听觉阈限曲线图。

（六）思　考

（1）实验完成后请被试谈谈他自己各次判断的标准是否一致及判断的可信度。

（2）本实验中，为什么要随机改变刺激系列的开始点？

（3）在本实验中，被试的练习和疲劳对实验结果有无影响？还有什么主客观因素影响了实验结果？

（4）极限法用于本实验中听觉阈限的测定还有什么缺点？如何改进？

二、颜色混合实验

（一）背景知识

颜色是光波作用于人眼所引起的视觉经验。不同波长的光线本身都是无色的，但当它们刺激人的视觉系统时就产生了颜色视觉。可见光的波长一般为 380nm ~ 780 nm，不同波长的光入射到人眼会引起不通的颜色视觉（见表 3-2）。

表 3-2 光的波长与颜色的关系

颜色	红外	红	橙	黄	绿	青	蓝	紫	紫外
波长（nm）	大于	630 ~	600 ~	580 ~	510 ~	490 ~	430 ~	380 ~	小于
	780	780	630	600	580	510	490	430	380

人们很少能看到单纯的、只有一种波长的光，在绝大多数情况下，人们看见的都是由不同波长的光线在视觉系统中混合起来的光，这被称为“色光混合”。格拉斯曼于 1854 年总结出色光混合有三条规律。

1．互补律

每一种颜色都有另外一种颜色与之相混合而产生不具任何色调的白色或灰色光觉，这两种颜色称为“互补色”，这种现象称为“互补律”。例如，紫色与绿色为互补色，黄色与蓝色为互补色。

2．间色律

两种非互补的颜色相混合，会产生一种新的、介于它们两者之间的中间色，这种现象称为“间色律”。例如，蓝色和黄色混合产生浅绿色，红色与黄色混合产生橙色等。

3．代替律

每一种被混合的颜色本身也可以由其他颜色混合而得，可以互相代替，取得同样的色觉效果，这种现象称为“代替律”。例如，黄与蓝混合可以产生灰色，若没有黄色，可以用红加绿来代替，也可以产生灰色。

（二）实验目的

学习使用混色轮，验证色光混合规律。

（三）实验仪器和材料

1．仪 器

混色轮。

2．准备工作

（1）在做混合颜色实验以前，需将纸盘进行复合，然后再根据实验要求，转动纸盘使各纸盘呈现的角度符合要求。纸盘复合后，其开口方向必须和色盘旋转方向相反，以避免高速旋转时纸盘迎风，可能会撕破纸盘，并使其飞溅。

（2）认真检查混色轮转盘上的塑料角度盘，如发现有裂缝，请不要再使用，以免转盘在高速旋转时造成事故。

（3）在打开仪器电源开关时，不要站立在仪器两侧，以防不测。

（4）根据实验需求调整转速，直至达到混色效果。

（5）实验结束后，先将转速调节旋钮逆时针转动，将转速调到最低，再关闭电源，等转盘完全停稳后才能更换转盘。

（四）实验步骤

1．验证互补律

（1）把黄色盘和蓝色盘复合后，装入色轮。开动色轮，转速调至 2 000 ~ 2 400 转/分。

（2）等色轮转动稳定后，请注意观察颜色，如黄色饱和度过深则停机将黄色盘暴露面积减少；反之，蓝色太深则停机将蓝色盘暴露面积减少，直至得出灰色。

（3）把黑色盘和白色盘复合后，装如色轮。开动色轮，转速调至 2 000 ~ 2 400 转/分。

（4）等色轮转动稳定后，请注意观察其颜色，可增减色纸盘暴露面积，直至得出灰色。

（5）记录黄、蓝、黑、白暴露面所占比例。

（6）验证颜色混合规律——互补律。

配色公式：____% 黄 + ____% 蓝 = 灰

____% 黑 + ____% 白 = 灰

2．验证间色律

（1）将非互补色红色盘和黄色盘装入色轮，色轮转速调至 2 000 ~ 2 400 转/分。

（2）等色轮转动稳定后，请注意观察其颜色，可增减色纸盘暴露面积，直至得出橙色。

（3）再把非互补色红色盘和蓝色盘装入色轮，色轮转速调至 2 000 ~ 2 400 转/分。

（4）等色轮转动稳定后，请注意观察其颜色，可增减色纸盘暴露面积，直至得出紫色。

（5）记录各颜色所占比例。

（6）配色公式：____% 红 + ____% 黄 = 橙

____% 红 + ____% 蓝 = 紫

3．验证代替律

（1）把红色盘和绿色盘装入色轮，按间色率方法得到黄色：____% 红 + ____% 绿 = 黄。

（2）按以上比例再与蓝色复合，装入色轮，色轮转速调至 2 000 ~ 2 400 转/分。

（3）等色轮转动稳定后，请注意观察其颜色，可增减色纸盘暴露面积，直至得出灰色。

（4）记录红、绿、蓝所占比例。

（5）配色公式：____% 红 + ____% 绿 + ____% 蓝 = 灰

（五）实验结果

根据实验结果，写出配色公式

1. ____% 红 + ____% 绿 = 灰

   ____% 黑 + ____% 白 = 灰

2. ____% 红 + ____% 黄 = 橙

   ____% 红 + ____% 蓝 = 紫

3. ____% 红 + ____% 绿 + ____% 蓝 = 灰

（六）思　考

（1）如果采用颜料直接按比例混合，能产生相同的效果吗？为什么？

（2）本实验结果能否证实颜色混合的三条规律，为什么？

三、大小恒常性的测定

（一）背景知识

在不同角度下观察同一事物时，感官活动随着角度的变化也不断变化着，但我们仍然将它视为同一事物，这个特点叫作“知觉的恒常性”。大小知觉恒常性是指人对物体的知觉大小不完全随映像的变化而趋于保持物体实际大小的特性。如当距离改变时我们知觉到的物体的大小仍然不改变。

透视定律告诉我们，物体离我们越远，它在视网膜上形成的像就越小，但对熟悉的事物，由于经验的作用，即使它离我们很远时，我们也会觉得它的大小和离我们很近时没有差别。根据以往的研究，在一定条件下，可以用以下公式表明大小知觉恒常性：$S = I \times D$。S 指知觉中物体的大小；D 指知觉中物体的距离；I 指视网膜上的视像。

研究大小恒常性的实验方法，最常用的是匹配法。这种方法就是把物体，如一个三角形放在离我们一定距离处，让被试调整他面前的三角形，和远处三角形进行比较，使得二者大小相当。被试调整得到的三角形就代表知觉到的远处三角形的大小，并和远处三角形的实际大小进行比较。

（二）实验目的

（1）用匹配法验证视觉大小恒常性现象，比较单眼、双眼观察大小恒常性的程度，以便学习测定恒常性的方法。

（2）检验距离线索对大小恒常性的影响。

（三）实验仪器和材料

知觉大小恒常性测量器一对，眼罩（单眼），记录纸。

（四）实验步骤

（1）实验开始时让被试端坐在椅上，将标准刺激（三角形高为 100 mm）和变异刺激的三角形高度调到与被试双眼等高，先让被试看远处的标准刺激，（距离为 3m、6m、9m），再看近处的变异刺激。让被试调节放置在面前（视距 25 cm 处）的恒常性测量器（变异刺激），要求被试比较后认为二者大小相同。记录员记录下测量器背面刻度值。

（2）先用双眼比较不同距离、不同面积的三角形，在 3 m、6 m、9 m 处。选定三个图形作为标准图形，每个距离比较 4 次。每做完 8 次，休息 3 分钟。再分别用左右眼比较不同面积的三角形。

（3）绘制记录表，严格登记实验数据。需要注意的是，在实验中，记录员不得将测量数据告知被试。实验记录表形式如表 3-3 所示：

表 3-3　大小恒常性实验记录表

距　离	3 m				6 m				9 m			
调节方法	↓	↑	↑	↓	↓	↑	↑	↓	↓	↑	↑	↓
双　眼												
左　眼												
右　眼												

注意：实验中采取 ABBA 设计，即调节方法为↓↑↑↓，被试需要有时从大调到小，有时需从小调到大，由主试掌握调节顺序。

（4）指导语。

“请你注意正前方屏幕上三角形的大小，并照此大小调节手边的测量器，直到你主观感知两个三角形大小一样为止，不要找其他的判断标准。记录员会记下你调节后图形的数值。注意测量器的观视距离应有 25 cm。”

（五）实验结果

（1）分别计算各被试在不同观察条件和不同距离时几次匹配结果的平均值。

（2）用下列公式计算三种观察距离的 S 值（透视值）。

（3）计算各种条件下的大小恒常性系数（KB）。

表 3-4　距离线索对大小恒常性的影响

观察条件		双眼			左眼			右眼		
观察距离（m）		3	6	9	3	6	9	3	6	9
被试甲	KB									
被试乙	KB									
被试丙	KB									

（4）制作大小恒常性系数图，即观察距离为横坐标，常性系数为纵坐标，表明距离线索与大小恒常性的关系。

（六）思　考

（1）试分析单、双眼大小恒常性的差别及其原因。

（2）分析在这个实验中，透视值固定，恒常性系数随标准刺激大小和距离远近变化的趋势。

（3）本实验中自变量是什么，有几个水平？因变量是什么？

四、肤觉两点阈的测定

（一）背景知识

用两个刺激物同时作用于人的皮肤，当刺激物之间的间距足够大时，人们能够感觉到是 2 个点而不是 1 个点，当间距逐渐缩小时，我们越来越难以分辨此为两点，直至只能感觉到一点。能感觉到两点而非一点的两个刺激物之间的最小距离被称为“两点阈”。两点阈是肤觉定位的一种方式，也是皮肤触觉的敏锐性指标。人身体上不同部位的肤觉两点阈的大小是不同的。威洛特（Vierordt，1870）最早使用两点阈量规对人体各部分的两点阈进行了测量，发现从身体局部到指尖，两点阈越来越小，这种身体部分的触觉感受性随运动能力的增高而增高的现象，被称为是“威洛特定律”。表 3-5 是温斯坦（Weinstein，1968）的实验结果。

表 3-5　身体不同部位的两点阈（单位：mm）

中指 2.5	上唇 5.5	前额 15.0	肩部 41.0
食指 3.0	面颊 7.0	脚底 22.5	背部 44.0
拇指 3.5	鼻部 8.0	腹部 34.0	上臂 44.5
无名指 4.0	手掌 11.5	胸部 36.0	大腿 44.5
小指 4.5	大足趾 12.0	前臂 38.5	小腿 47.0

资料来源：赫葆源、张厚粲、陈舒永等：《实验心理学》，北京大学出版社 1983 年版。

（二）实验目的

（1）学会使用恒定刺激法测定皮肤两点阈。

（2）探索身体不同部位肤觉两点阈的差别以及练习与疲劳因素对两点阈的影响。

（三）实验仪器与材料

两点阈量规，眼罩，黑色签字笔，记录纸。

（四）实验步骤

（1）被试坐在桌旁，带上眼罩，伸出左手，主试选定被试的左手背（A 区）和前臂背面为测量区，前臂分为两个区，靠近手背部为 B 区，靠近肘部为 C 区。测量前，将确定的 3 个区域用签字笔圈定，测量在圈定范围内进行。

（2）在实验之前，主试对被试说明，当他感觉为两点时就报告说“二”，当然感觉为一点时就报告说“一”，如不能确定是一点或两点时就报告说“不知道”。主试对第一种回答记作“+”，对第二种回答记作“-”，对第三种回答记作“？”。全部测量完毕后，再重复带“？”的那个序列，获得确定的判断。

（3）使用两点阈量规时，必须垂直接触皮肤，并对两个尖点用力均匀，接触时间不超过 2 秒钟。主试可先在自己手上练习数次，然后再在被试的非测验区练习几次。

（4）正式实验之前先使用最小变化法取得的刺激序列长度和起点，找出被试不能 100% 确定是一点，也不能 100% 确定是两点的范围，根据被试的不同情况做适当调整。最大长度约为 90% 次被判断为两点，最小长度约为 10% 被判断为两点。在这个范围内选定间隔为 1 mm 的刺激 5 个，每个刺激呈现 20 次，按随机数字表排列刺激呈现的先后顺序。

（5）根据已有实验结果，被试有时会产生一种持久的两点后像（即尽管只有一点，或距离很近的两点刺激，被试也感到有两点的印象）。在这种情况下，每做 20 次刺激，让被试休息 2 分钟，使他恢复两点的标准。为了验证这种现象是否存在，主试可以每隔数十次插进一次一点刺激。

（6）将实验结果填入表 3-6。

表 3-6　被试对各刺激感觉结果登记表（单位：mm）

次数＼间距	8	9	10	11	12
1					
2					
3					
4					
5					
6					
7					
8					
9					
10					
11					
12					
13					
14					
15					
16					
17					
18					
19					
20					

注：此表仅作参考，需结合实际情况确定刺激范围。

（五）实验结果

分别求出各个测量区的两点阈值，并对各测量区阈值均数的差异进行显著性检验。

（六）思　考

（1）人身体上的不同部位肤觉两点阈有何差别？为什么会存在这种差别？
（2）如果要测定皮肤某部分的两点阈限，自变量的范围和间距应如何安排？
（3）练习和疲劳因素对肤觉两点阈的变化有何影响？

五、缪勒—莱耶错觉的测量

（一）背景知识

错觉是对客观事物的不正确的知觉，是在特定条件下产生的一种对刺激的主观歪曲的知觉。错觉在人的心理活动中并不是一种偶然的现象，不随人的意志而改变，是可以预测和测量的。当产生错觉的条件存在时，每个人都会出现错觉，只是错觉量的大小存在个体差异。错觉的种类很多，如月亮错觉，即月亮刚刚在地平线上升起时看起来要比在天顶时要大。人们最熟悉和研究最广的是几何图形视错觉。如缪勒—莱耶错觉，它是指两条等长的水平线段，一条线段两端加上箭头，另一条线段两端加上箭尾，看起来前者比后者短些的现象。透视恒常性理论是对缪勒—莱耶错觉的一种较有影响的解释。这一理论认为，该错觉中的箭头等特定的刺激特性是显见距离的一种标志物，它们影响了距离的判断。1896 年，海曼斯对该错觉的研究表明：缪勒—莱耶错觉量的大小与斜线和直线之间夹角的余弦成正比。但是，目前关于错觉现象还没有一种非常成熟的理论能够解释全部的错觉现象。当前一般认为，错觉的形成可能是受到眼睛和视网膜内神经交互作用的影响，也可能是受到更高水平的决策和过去经验等认知因素的影响。

本实验采用平均差误法测量缪勒—莱耶错觉。平均差误法是费希纳提出的测量感觉阈限的其中一种方法，这个方法的经典操作程序是让被试调节比较刺激，使之与标准刺激相等，因此，平均差误法又叫“调整法”。

（二）实验目的

通过本实验验证缪勒—莱耶错觉现象，学会测量错觉的平均差误法，探究视错觉的基本规律。

（三）实验仪器与材料

BD-Ⅱ-113 型错觉实验仪。线段总长度：200 mm，箭头线与箭尾线长度可调，可调范围 ± 20 mm。错觉量长度读数误差：< 0.1 mm，位于仪器的背面。箭羽长度：25 mm

（标准刺激），比较刺激一半比标准刺激长，一半比标准刺激短。刺激变化的最小单位为 1 mm，箭羽线夹角：30°，45°，60°。

（四）实验步骤

（1）仪器直立与桌面上，被试位于距离仪器 1 m 处，平视仪器的测试面。

（2）主试移动仪器上方的拨杆，即调整线段中间箭羽线的活动板，直到被试感觉到中间箭羽线左右两端的线段长度相等为止，如此反复测量 20 次。为了避免空间误差，标准刺激和比较刺激在左和在右的次数各一半。观察每次的错觉量，进行记录，并将数据填入表 3-7。

表 3-7　错觉记录表

箭羽线夹角＼次数	1	2	3	4	5	6	7	8	9	10	…	20
30°												
45°												
60°												

（3）实验指导语：“下面呈现的是两个带箭头的水平线，其中箭头向内的是标准刺激，箭头向外的比较刺激，有时标准刺激在左，有时在右。要求你对呈现的比较刺激和标准刺激进行比较，并调整比较刺激，使之与标准刺激的长度相等。”

（4）用同样的方法测量另外两种箭羽线夹角的错觉量值。

（五）实验结果

（1）计算出每一个被试每一种箭羽夹角的线段的错觉量的平均值。

（2）比较这 3 种箭羽线夹角的线段的错觉量的平均值有没有显著性差异。

（六）思　考

（1）箭羽夹角的大小与视错觉量有关系吗？有什么样的关系？

（2）视错觉量是否存在个体差异？

六、感知觉心理实验报告示例

听觉阈限的实验报告

摘　要：听觉阈限是指使人能够产生听觉感受最小的声音刺激量，本实验比较不同频率下被试的听觉阈限。测定前实验成功地进行了被试的随机分配，采用 ABBA 的拉丁方法进行实验，并且采用了传统心理物理法中的极限法进行测量。结果发现听觉阈限不存在个体差异，但在不同频率上存在差异，并且听觉阈限随着频率升高而降低。

1. 引　言

1860 年，费希纳在他编著的《心理物理学纲要》一书中系统地总结出测量感觉阈限的方法，从而创立了研究心理量与物理量关系的心理物理学，并为心理学实验方法的发展奠定了基础。

感觉是由刺激作用于感觉器官引起的，因此可以用物理量来说明感觉量。例如，用“刚刚感觉到”的物理量来代表感觉的绝对阈限，简称“RL”；用“刚刚感觉到”有差别的两个物理量之差来代表感觉的差别阈限，简称“DL”。

费希纳提出的测量感觉阈限的方法有三种，其中之一是最小变化法，也叫“极限法”。在用最小变化法测定阈限时，其特点是按物理量的强弱把刺激排成序列，各相邻刺激的强度差别很小而且相等；刺激呈现的顺序有两种不同的操作方式：按从强到弱的顺序呈现叫渐减法（用↓表示）；按从弱到强的顺序呈现叫渐增法（用↑表示）。作为心理物理学方法之一的极限法，是测定阈限的直接方法，本实验即采用的极限法测定听觉阈限的大小。

实验最后计算出不同被试不同频率下的听觉阈限，画出被试的听觉阈限与频率之间的关系曲线，并着眼探讨听觉阈限在不同频率下的差异。实验之前，本实验提出以下两个假设：（1）听觉阈限随着频率的增高而降低。（2）不同被试在同一频率听觉阈限上有所不同。

2. 方法

2.1　被试：心理学专业学生三名，听力正常。

2.2　实验仪器和材料：听觉实验仪（BD-Ⅱ-116 型，频率范围 64 Hz～16 000 Hz），附带隔音耳机，记录纸。

2.3　实验程序

2.3.1　采用最小变化法进行施测。测试前制作好“刺激呈现记录表”。实验时，每个被试每个频率的纯音施测 4 次，顺序为↑↓↓↑或者↓↑↑↓。每个被试做 6 个频率（256 Hz、512 Hz、1 000 Hz、2 000 Hz、4 000 Hz、8 000 Hz），总共 24 次实验。实验选择“双耳”及“间断”纯音信号。

2.3.2 实验前给被试的指导语“下面给你呈现的是一种声音，这种声音的强度不断增大或是减小，当声音增大时呈现的声音是从听不见到听得见，当你听得见时，举手向上做出示意。当纯音是逐渐减小声音是从听得见到听不见，当你听不见时，平向举手做出示意。”

2.3.3 渐增系列的测定：将声响强度衰减到被试听不见出开始，逐渐增加衰减量（增强声响），当被试听到声音后示意，主试停止减小衰减量，此时的响度为该被试在此频率的听觉阈限值。

2.3.4 渐减系列的测定：将衰减调到被试中能听到的强度后，开始逐渐增大的衰减量（减小声响），直到被试听不见声音为止。

2.3.5 各次↓或↑的起点不连续相同，以免形成定式，每次测定4个系列休息三分钟。为了避免被试疲劳，可组成主试、被试各两组，每完成两种频率的测定，主试、被试轮换一次。主试两人，一人改变声音频率和强度，一人给预备信号，发出刺激并记录被试反应。主试应事先准备随机使用的频率和递增系列、递减系列的开始点，并做记录。

2.3.6 实验正式进行开始之前，让被试试听耳机发出声音的模式。

3. 结　果

表1　不同频率下被试听觉阈限的平均数和标准差

频率（Hz）	平均值（dB）	标准差
256	31.17	5.66
512	27.83	4.95
1 000	18.67	0.35
2 000	15.67	1.41
4 000	15.08	4.77
8 000	13.83	5.66

表2　不同被试听觉阈限的比较

被试 \ 阈限（dB） \ 频率（Hz）	256	512	1 000	2 000	4 000	8 000
1	36.5	35	20.5	17	13	11
2	28.5	20.5	15.5	11	12.5	11.5
3	28.5	28	20	19	19.75	19

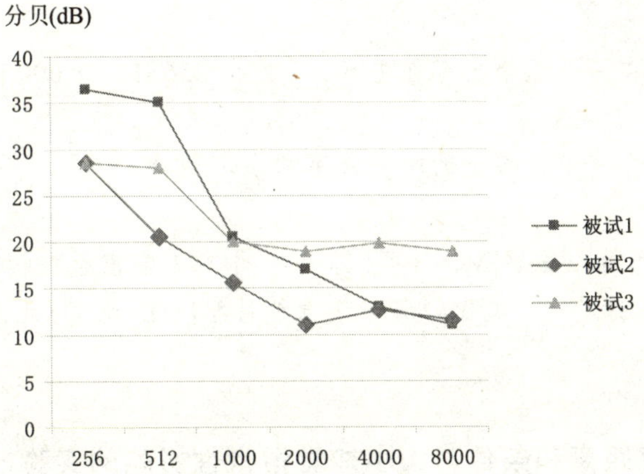

图 1　被试在不同频率下的听觉阈限的折线图

4. 讨　论

从实验结果得出，本实验支持实验假设，即听觉阈限随频率增加而降低（在 256 Hz～8 000 Hz 的范围内），且不同被试的听觉阈限有所不同。下面从实验结果、影响因素及误差进行分析。

4.1　结果分析

响度是听觉属性，是人耳对于声音强度反应的主观量。响度不仅和声压（声音的物理强度）有关，而且和音频有关。当声压级相等时，频率越高，声音更响，这就是为什么被试听觉阈限随着频率的升高而降低。

4.2　实验误差

4.2.1　用极限法求绝对听觉阈限会存在一些误差。这些误差有的是直接作用于感觉的，比如噪音或者其他控制变量。还有些非感觉引起的因素，比如练习和疲劳、期望和习惯、时间和空间等。在极限法中常见的有练习和疲劳、期望和习惯误差。

4.2.2　极限法中，常用递增或递减的方式测定阈值，在递增系列中产生习惯误差，则可能导致阈值偏高，产生期望误差则可能导致阈值偏低，而在递减系列中则相反。实验中采取递增递减系列同样的数量，将习惯误差与期望误差相抵消。

4.2.3　练习误差是由于实验进行多次，被试则可能熟悉实验的程序，提高实验的反应速度和准确性；而疲劳效应则是实验重复多次，被试厌倦了实验，降低实验的反应速度和精确性。练习误差可能导致阈限值偏低，疲劳效应则可能导致阈限偏高。

4.3　影响因素

4.3.1　本实验的声音刺激为纯音。纯音是指波形呈正弦曲线的声音，如音叉的声音和音频信号发生器发出的声音，而在自然环境中很难听到这种声音，被试就会对纯音不敏感。实验过程中难免会发出一些噪音，这些都会影响实验结果。

4.3.2　被试的主观因素：被试分心、被试疲劳都会对阈限造成影响。

5. 结　论

5.1　听觉阈限在不同频率上存在差异，而且在 256 Hz ~ 8 000 Hz 的范围内随着频率的增加而降低。

5.2　不同被试在同一频率上的听觉阈限有所不同。

6. 参考文献

[1]　朱滢. 实验心理学[M]. 3 版. 北京：北京大学出版社，2014.

[2]　张厚粲，徐建平. 现代心理与教育统计学[M]. 北京：北京师范大学出版社，2009.

观察距离和条件对大小知觉恒常性影响的实验报告

一、文献综述

根据视觉规律，相同大小的对象，离眼越近感到越大，离眼愈远则感到愈小。但是在一定距离内感受到的大小并不依赖于网膜上像的大小，也不随观察距离的变化而变化，而是趋向于按物体的实际大小，这就是大小知觉恒常性现象。知觉的恒常性在实际生活中具有重大意义，它能使人在不同的情况下，按照事物的实际面貌反映事物，从而使人有可能根据对象的实际意义来改造客观世界。

大小恒常性受许多因素的影响。赫尔曼斯（Hermans）等人研究认为在刺激物大小固定的情况下，双眼辐合距离越近，知觉的大小越小；熟悉的环境提示着对象的距离及其实际大小，有助于保持大小恒常性。Holway 和 Boring 用实验研究表明用双眼观察最能保持知觉恒常性，单眼观察次之，如果通过长筒进行观察，这时由于排除了周围环境的参考线索，大小恒常性趋于消失。杨博民等人用实验研究表明，在自然条件下观察时，大小恒常性较大，在排除距离条件即通过长筒进行观察时，大小恒常性明显小些，而且随距离的改变而改变，接近于按视角规律变化。大小恒常性只能在一定距离内起作用，如果对象距离很远，知觉的大小便越来越符合几何光学投影的规律，大小恒常性便逐渐消失。水平观察和垂直观察对大小恒常性也有影响，水平观察大小恒常性易保持，垂直观察大小恒常性则较小；距离知觉也在一定程度上影响着大小知觉恒常性。

二、研究目的

（1）证实大小知觉恒常性现象的存在。

（2）检验不同观察距离和条件及其交互作用对大小知觉恒常性的影响。

（3）验证赫尔曼斯等前人对大小恒常性的研究结果。

三、研究方法

变量：本实验采用 2×2 实验设计，两个自变量分别为观察距离和条件，两个自变量又各有两个水平：观察条件有用筒和不用筒两个水平，观察距离有 8 m 和 4 m 两个水平；本实验的因变量为大小知觉恒常性；本实验的控制变量可能有室内照明条件、实验次数、周围环境的熟悉程度、从水平方向观察、被试的个体经验的多少等。

被试：全班被试共 6 人（1 男 5 女），均为大三学生，其中 2 位视力正常，4 位近视，但矫正后视力均正常。

重点考察被试，即本实验小组被试 1 人，女性，近视，矫正后视力正常。

仪器与材料：大小常性测量器一对。白色直圆筒 2 个，长约 20 cm，直径 3 cm，二筒并联在一起，相距约 6 cm。

程序：（1）本实验分 4 种情况，两种观察距离分别与两种观察条件（用筒与不用筒）结合。每种情况各实验 16 次，并且将三角形由小到大与由大到小两种方向在 16 次实验中随机排列。具体顺序如表 1 所示：

表 1 实验量表

实验次序 \ 观察距离与条件	8 m		4 m	
	带筒	不带筒	带筒	不带筒
1	↑	↑	↑	↑
2	↓	↓	↓	↓
3	↓	↓	↓	↓
4	↑	↑	↑	↑
5	↓	↓	↓	↓
6	↑	↑	↑	↑
7	↑	↑	↑	↑
8	↓	↓	↓	↓
9	↓	↓	↓	↓
10	↑	↑	↑	↑
11	↑	↓	↑	↓
12	↓	↓	↓	↓
13	↑	↑	↑	↑
14	↓	↓	↓	↓
15	↓	↓	↓	↓
16	↑	↑	↑	↑

（2）让被试坐于椅子上，调节两个三角形的高度，使其中心与被试眼处于同一水平。将标准刺激的高调至 11.3 cm，并放在被试正前方 8 m 远处，变异刺激的高调至大于 11.3 cm，并放在被试右前方 25 cm 处。

（3）指导语："这是一个匹配三角形大小的实验，远处的三角形是标准。现在近处的三角形看起来比远处的大，请你用右手拧这个螺丝，慢慢缩短近处三角形的高，一直到你觉得和标准三角形一样大时为止。这个实验要做很多次，有时近处的三角形一开始明显地比标准小，你就把它调大，直到你看起来它和标准的一样大时就停止。请注意，只要你比较时看起来一样就可以了，不要其他的判断标准。先带筒做实验 16 次，然后不带筒做实验 16 次，用筒观察时你用左手拿筒，右手转动旋钮。”

（4）按原定顺序连续做，每次被试调好后，用直尺量出三角形的高（cm），填于表中。然后把变异刺激调到明显比标准大或小，继续做实验。

（5）把标准刺激移至被试正前方 4 m 处，按同样的方法做实验。

（6）每做 16 次可休息 2 分钟，注意主试不得给被试作有关实验结果和观察距离的提示。

四、结　果

表 2　本组被试不同情况下大小判断及恒常性计算数值表

观察距离	8 m		4 m	
观察条件	用　筒	不用筒	用　筒	不用筒
均值 R/cm	9.735	9.469	9.888	9.780
标准差 S	0.471	0.303	0.479	0.302
视像大小 a/cm	3.530	3.530	7.060	7.060
BR	0.820	0.760	0.670	0.860
KR	0.0946	0.848	0.717	0.948

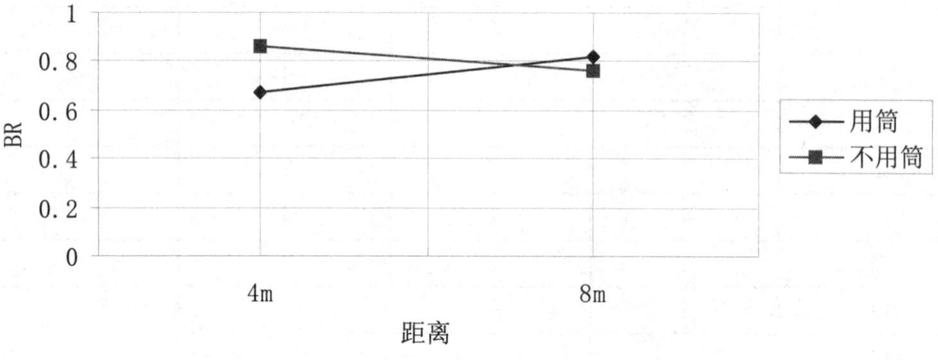

图 1　本组被试距离、条件与大小恒常性的关系

表 3　本组被试在不同情况下观察结果的方差分析表

变异源	自由度	平方和	均　方	F	p
观察条件（A）	1	0.06	0.06	0.38	＞0.05
观察距离（B）	1	2.713	2.713	17.28＊＊	＜0.01
交互作用（A×B）	1	0.203	0.203	1.29	＞0.05
组内间	60	9.44	0.157		
总　计	63	12.42			

表 4　全班被试相同距离不同观察条件间结果差异的显著性检验表

变异源		X	S	D	df	t	p
8 m	用　筒	11.143	1.29	0.436	10	0.622	> 0.05
	不用筒	10.707	0.723				
4 m	用　筒	10.884	1.168	0.259	10	0.417	> 0.05
	不用筒	10.625	0.75				

表 5　全班被试相同条件下不同距离间结果差异的显著性检验表

变异源		X	S	D	df	t	p
用　筒	8 m	11.143	1.39	0.259	10	0.318	> 0.05
	4 m	10.884	1.168				
不用筒	8 m	10.707	0.723	0.082	10	0176	> 0.05
	4 m	10.625	0.750				

注：均值均用 cm 作单位。

表 6　全班被试观察结果的方差分析的全盘检验表

变异源	SS	df	ms	F	p
处理间（T）	0.913	3	0.304	1.18	> 0.05
被试间（S）	22.451	5	4.49	17.40**	< 0.01
S×T 交互作用间	3.868	15	0.258		
总　计	27.265	23			

表 7　全班被试不同情况下平均结果的恒常性计算数值表

观察条件	用　筒		不用筒	
观察距离	8 m	4 m	8 m	4 m
均值 R（cm）	11.143	10.844	10.707	10.625
视像大小 S（mm）	3.53	7.06	3.53	7.06
BR	0.980	0.902	0.924	0.841
KR	0.980	0.922	0.954	0.870

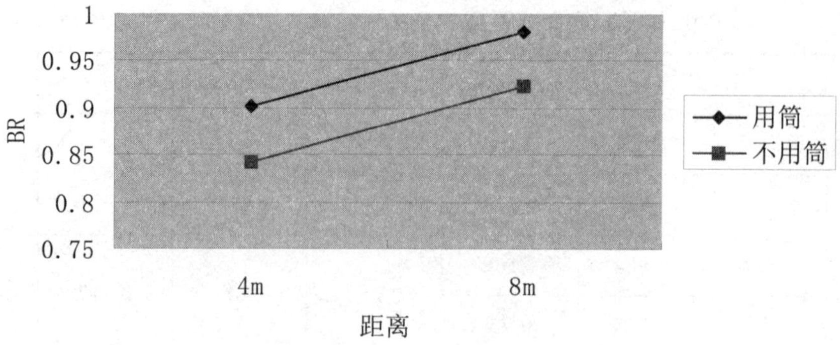

图 2　全班被试距离、条件与大小常性的关系

五、结　论

（1）本组被试观察条件即用筒与不用筒对结果的效应不显著，这与 Holway 与 Boring 的研究结果不符合；观察距离对结果的效应却极为显著，这与杨博民等人的研究结果不相符合。因此，没有能验证前人的研究结论。

（2）全班被试不同观察条件对结果的效应不显著，这与前人的研究结果不相符合；而观察距离对结果的效应也不显著，这与前人的研究结果相符合，因此验证了前人的研究结论；其交互作用对结果的效应也不显著。

（3）无论从本组被试还是全班被试的实验结果看，用筒观察时较之不用筒观察时其布伦斯维克比率都有偏高的趋向，这可能与在实验进行过程中没有能够完全控制好无关变量的影响有关。

六、参考文献

[1]　黄希庭. 心理学实验指导[M]. 北京：人民教育出版社，1984.

[2]　朱滢. 实验心理学[M]. 北京：北京大学出版社，2000.

[3]　杨博民. 心理实验纲要[M]. 北京：北京大学出版社，1989.

[4]　彭聃龄. 普通心理学[M]. 北京：北京师范大学出版社，1987.

第四章　记忆心理实验

【内容提要】

当人们将感知觉到的信息进行储存，或因任务需要将先前储存的信息进行提取，便进入了心理活动的记忆阶段。本章通过对经典记忆三阶段模型试验的介绍，帮助同学们了解瞬时记忆、短时记忆、长期记忆的区别；同时让学生了记忆的前摄抑制、倒摄抑制以及再认实验。

【学习重点】

1. 了解瞬时记忆、短时记忆和长时记忆的定义。
2. 理解测量瞬时记忆、短时记忆和长时记忆三种记忆的经典实验。
3. 了解前摄抑制和倒摄抑制实验方法。
4. 了解应用记忆信号检测论进行再认记忆的实验方法。

一、瞬时记忆实验

（一）背景知识

瞬时记忆又称“感觉登记”或“感觉记忆”，是指感觉经验发生后，刺激的特性可以在记忆系统获得短时间的精确表征，即当刺激物的信息接触到人的感觉器官便得到暂时的存贮，持续时间只有几秒钟，这种存贮形式便叫作“瞬时记忆”。根据感觉通道的不同，瞬时记忆可以分为映像记忆（一般持续不到 1s）、回声记忆（一般不超过 4 秒）等。因为个体与环境持续不断地交互作用，瞬时记忆中的内容非常容易被新输入的信息所替代。

研究瞬时记忆的方法有全部报告法、部分报告法、延迟部分报告法、反应时测量技术等。全部报告法由斯佩林（G. Sperling）提出，该方法要求被试全部回忆呈现给他的瞬时记忆材料。1960年，斯佩林在实验中发现全部报告法回忆过程中存在遗忘现象，为打破这种方法的局限而提出了部分报告法，部分报告法只要求被试回忆指定的一部分项目，再根据这一部分的结果估算保存的总量。为了研究瞬时记忆消退的规律，斯佩林还做了延迟部分报告法实验，即在呈现识记材料和回忆之间有0～2秒的间隔。用于研究记忆的加工过程的常用方法还包括反应时测量技术，主要用于研究记忆的编码、识别、提取、再认、再现等认知过程。

（二）实验目的

证实瞬时记忆现象及其性质，了解部分报告法和延迟报告法。

（三）实验材料

1．仪器及材料

EP2004型心理实验台，EP801速示仪，卡片42张，注视卡片1张，笔、纸若干。

2．准备工作

（1）从实验卡片中任意抽取30张，随机分成3组，每组10张，把每组的卡片号码写在记录纸上，交于被试做反应记录纸（要求回忆行数不要写上），另一张记录纸上主试要写上要求被试记忆的行数。

（2）将主机与附机EPT801连接好，打开电源，按<运行/待机>键。

（3）主试根据屏幕显示内容设置：联机模式→瞬时记忆→学号→姓名→A视场（1 s）→间隔（10 s）→次数（10），把注视卡片插入B视场，把第一组中第一张卡片插入A视场，对被试给出实验指导语后，按“确定”键，主机背后绿色指示灯亮，提示被试可以实验。实验开始后，主试在屏幕上“□”指着间隔时，按事先排好的顺序更换卡片。

（四）实验步骤

（1）指导语：“现在让你看一组卡片，每张卡片上有三行数字和英文字母，因为时间很短，你要集中注意力看，每看过一张卡片后我会立即要求你写出其中一行的数字和字母，我说‘一’，你就在记录纸上把第一行内容写下来，说‘二’你就写第二行，说‘三’你就写第三行，动作尽量迅速。我们先进行3次预备实验，来熟悉测试程序。”

（2）被试看见绿色指示灯后，将眼睛靠近观察窗口，看注视卡片。主试按“确定”键测试开始。被试依据主试要求，回忆并写下数字和字母，直至做满10次，被试休息

2 分钟。

（3）按相同方法，继续进行下一组测试，共三组（30 张卡片中每行要求写 10 次），此为立即报告法，接下去做延迟报告法，方法与立即报告法基本相同，其不同点是：① 次数设 12 次（共 12 张卡片）；② 卡片呈现后主试不是立即对被试讲出行数，而是过 2 秒再说“一”或“二”或“三”，被试据此写出字母和数字。

（4）选择重做一次，更换下一名被试。

表 4-1　实验记录表

卡片号	要求回忆的行数	回忆结果	正确回忆个数
1			
2			
3			
4			
5			
6			
7			
8			
9			

（五）实验结果

（1）将被试每次写出的结果与卡片对照，统计出每次正确回忆的数字和字母个数。

（2）分别求出立即和延迟报告的平均值，并用表、图加以比较。

（六）讨　论

（1）根据实验结果，说明瞬时记忆的性质、特点。

（2）根据实验结果说明部分报告法特点。

（3）比较立即和延迟报告法的异同。

二、短时记忆广度

（一）背景知识

短时记忆是瞬时记忆向长时记忆过渡的中间阶段，一般保持时间为 5 秒至 2 分钟。19 世纪末，美国心理学家詹姆斯（William James）提出了记忆分初级和次级的二重学说，初级记忆指短时记忆，次级记忆指长时记忆。然而，短时记忆是否构成一个独立的记忆结构，在很长的一段时间内没有得到客观证据的支持，直到 20 世纪 50 年代才陆续从实验及临床事例中得到证实。研究短时记忆的方法有再认法、顺序再现法、自由再现法、反应时测量技术等。用再认法进行实验时，首先呈现给被试一组刺激，之后再给被试呈现比前一组被试的一倍或更多的刺激，让被试辨认哪个呈现过，哪个没有呈现过。根据被试的反应情况计算得出其保持量和正确率。用顺序再现法进行实验时，首先给被试呈现一组刺激，刺激呈现完毕后，要求被试按照次级呈现的顺序回忆，并计算得出记忆的保持量和正确率。自由回忆法和顺序再现法的差别在于，不要求被试必须按照刺激呈现的顺序进行，其余相同。以上这些方法也可以用于长时记忆研究。

乔治·米勒（George A. Miller）等人的研究发现，人的短时记忆容量是有限的，这被称为“记忆广度”。记忆广度指的是按固定顺序逐一呈现一系列刺激以后，被试能够按照次级呈现顺序正确再现所呈现的刺激系列的长度，一般为 7±2 个组块。组块的单位可以是字母、数字、词、句子、图片等记忆单元。也有研究表明，短时记忆的广度可能仅有 2~4 个组块，因为在典型的短时记忆容量测验中被试能够利用其他信息来源来完成任务。

记忆广度的测定和绝对感觉阈限的测定类似，以找出 50% 次能够通过的刺激系列的长度为准。可以采用最小变化法，也可以采用恒定刺激法。例如，用最小变化法测定时，8 位的数字系列能够通过，9 位的数字不能通过，其记忆广度即为 8.5。如果使用恒定刺激法，则采用直线内插法来计算得出记忆广度。

（二）实验目的

采用最小变化法测定数字实验材料的短时记忆广度。

（三）实验材料

BD-Ⅱ-407 型记忆广度测试仪，记录纸若干。

（四）实验步骤

（1）主试按“编码”键，码Ⅰ、码Ⅱ指示灯及选择编码相互转换，相应码Ⅱ灯亮时，表示记忆材料选编码Ⅱ。按“显示”键，计时、记分指示灯及相应显示内容相互转换，计时灯亮时，六位数码管显示计时和计错。按“方式”键，选择顺答方式。

（2）被试按下键盘盒上的回车键“*”，仪器自动提取一个三位数组。被试见到键盘上回答灯亮时，用键盘按选定方式回答所记忆的数字，回答正确，回答灯灭计 0.25 分，被试再按下回车键，仪器马上又提取下一个数组，再次回答。如 4 个数组都答对，计 1 分，位长自动 + 1。按回车键后，仪器提取下一位组的第一个数组。如果回答有错，仪器响一下蜂鸣，答错灯亮，计错一次。被试记不住显示的数码，按下任意数字键，仪器响蜂鸣提示出错，再按下回车键，仪器也马上提取下一组数码。如此循环，直到仪器出现停机长蜂鸣，测试结束。（过程中，每回答错一组数计错一次，被试如连续答错八次，仪器自动停机长蜂鸣，测试中断。）

（3）停机长蜂鸣后，显示实验结果。主试改变显示状态，记录被试测试成绩。

（4）进行完顺答后再进行逆答，分别记录相关的数据。

（5）指导语："当你看见回答灯亮时，用键盘按选定方式回答所记忆的数字，回答完毕后按回车键，仪器就是显示下一组数组，继续作答，直到测试完成。"

（五）实验结果

整理每个被试顺答和逆答的数据，列出表格，并得出记忆广度。

（六）讨　论

（1）影响记忆广度的因素有哪些？

（2）提高记忆的方法有哪些？

（3）本实验存在误差吗？受哪些因素影响？

三、长时记忆实验

（一）背景知识

长时记忆一般指保持时间在一分钟以上，甚至终生的记忆。一般情况下，短时记忆的内容经过加工之后进入长时记忆，但某些特别强烈的刺激，哪怕持续时间很短，也有可能令人终生难忘。长时记忆的编码形式常见的有语义编码、图形编码、动作系列编码等。进行编码时情景、编码前后顺序等都会影响长时记忆的提取。当编码时的情景与提取时的情景相匹配时，记忆效果最好，这叫作"编码特异性"。长时记忆的保持是一个动态过程，其数量及内容都可能会变化。长时记忆内容的提取包括再认和回忆，再认的难度一般都比回忆的难度小。提取过程受到意识及无意识的双重影响，可以是主观努力的过程，也可能是无意识的结果。研究长时记忆的方法有再认法、再现法、重学法。

在研究长时记忆的历史中，最早受到关注的是遗忘现象。艾宾浩斯（H. Ebbinghaus）以无意义音节做材料，将自己作为被试，最早用实验的方法研究了材料长短对学习的影响、保持与重复学习次数的关系，遗忘与时间的关系等，发现了遗忘先快后慢的规律。他所使用的方法主要是重学法，又叫“节省法”。这种方法是当被试识记某种材料达到一定标准后，经过一定的时间，让被试再学这份材料，比较再学时达到原来标准所学的遍数，比初学时节省了多少遍，用节省遍数的百分数作为保存量的指标。其计算方法是：

节省的百分数 =（初学者所用遍数 - 再学所用遍数/初学所用遍数）×100%

费希纳和冯特建立了实验心理学体系，但是直到艾宾浩斯研究记忆现象，实验心理学的研究领域才涉及记忆、思维、想象之类的高级心理过程，最终确立了实验心理学在心理学研究中的核心地位。

再现是指以前感知过的事物在头脑中再次浮现并加以确认的过程。它并不是机械地重复过去的映像，而是对记忆材料在一定程度上进行加工重组。再现法是将依次呈现的学习材料在每一遍学习结束后在规定的时间内尽量报告所能够再现的项目。可以用学会每一项或全部学会（或达到一定标准）所需学习的遍数或时间来作为指标来检查被试识记的过程和学习效果。

（二）实验目的

通过实验使学生了解识记材料对识记效果的影响。

（三）实验材料

1．仪器及材料

EP2004 型心理实验台与 EPT803 记忆鼓，卡片 2 张（一张卡片为有意义材料，一张卡片为无意义材料）。

2．准备程序

（1）将主机与附机 EPT803 连接好，打开电源，按“运行/待机”键。

（2）主试掀开转盘盖，拿掉金属圈，放人长时记忆（01）实验卡片，尽量与下面对齐，盖上金属圈固定好，用手拨盘使文字与中轴呈水平，盖上转盘盖，窗口应呈现文字；然后根据屏显内容设置：联机模式—学号—姓名，按“确定”键，仪器自动试转一圈，主试微调附机左下方旋钮，使文字在窗 El 居中。试转停，窗口应为空白（无文字），主试再设置时间一为 1 秒，时间二为 2 秒（词在窗口停留时间）。按“确定”键，输入学习次数（3），主试打开左窗口，并把附机交给被试；讲完指导语后按“确定”键，主机背面绿色指示灯亮，转盘旋转，实验开始。

（四）实验步骤

（1）被试认真看并努力记住左面窗口呈现的词，直至旋转停止，黄色指示灯亮，被试将附机还给主试，同时准备好纸和笔，等待绿色指示灯亮，开始默写先前看过的词，时间为3分钟。主试接过附机，设置时间为3分钟，按“确定”键，绿色指示灯亮，提示被试可以默写（附机仍留在主试一边），直至定时到黄色指示灯亮，鸣响，主试立即收回测试纸。

（2）主试按相同方法设置，只是打开右面窗让被试学习，同样让被试默写3分钟，收回测试纸。

（3）主试再做一次，更换卡片（02）。

（五）实验结果

分别统计出有意义材料和无意义材料的正确再现数（只对一个词算错），并计算保持量。

（六）讨　论

（1）比较有意义材料和无意义材料识记的区别。

（2）根据自己的体会，谈谈如何增强识记效果。

四、前摄抑制和倒摄抑制实验

（一）背景知识

关于遗忘现象的原因的解释有四种学说，即痕迹衰退说、干扰说、同化说、动机说。痕迹衰退说认为遗忘是由记忆痕迹衰退引起的，一般认为瞬时记忆和短时记忆中的遗忘，主要就是记忆痕迹的逐渐消退引起的；干扰说认为遗忘是学习和回忆之间受到其他刺激干扰而造成的；奥苏贝尔提出的同化说认为遗忘是知识的组织与认知结构简化的过程；动机说认为，遗忘是因为我们不想记起一些让我们觉得痛苦或可怕的东西。其中，干扰说得到了大量实验支持，一直以来都是主流学说。长时记忆中的遗忘，主要是由于先后材料的干扰。这种干扰抑制作用又分为两种，即前摄抑制和倒摄抑制，前面学过的材料对后面所学材料的干扰，叫作“前摄抑制”；后面学习的材料对前面所学的材料产生的影响，叫作倒摄抑制。

检查前摄作用的实验一般采用两个等组被试，设计如表4-2所示。

表4-2　检查前摄作用的实验设计

实验组	学A	学B	休息	检查B的保存量
控制组	——	学B	休息	检查B的保存量

如果实验组B的保存量小于控制组B的保存量，则A对B有前摄抑制作用。

检查倒摄作用的实验设计如表 4-3 所示。在两组学 B 的成绩相同的条件下，实验组 B 的保存量小于控制组 B 的保存量，则 A 对 B 有倒摄抑制的作用。

表 4-3　检查倒摄作用的实验设计

实验组	学 B	学 A	检查 B 的保存量
控制组	学 B	休息	检查 B 的保存量

实验研究证明，影响前摄作用和倒摄作用的因素都是同一类型的，所产生的影响效果也相似。它们受前后两种学习材料的相似程度（包括材料的意义、材料的排列顺序或材料的成分）、难度、时间的安排以及学习程度等种种条件的制约。

以倒摄抑制为例来看学习材料相似程度的影响。研究表明，先后学习的材料完全相同时，后来的学习即复习，不会产生倒摄抑制。学习材料由完全相同向完全不同逐步变化时，开始时倒摄抑制逐步增强，材料的相似性减小到了一定程度时，抑制最大；此后抑制便逐渐减小，直到到两种材料完全不同时，抑制最小，但仍然不会达到材料完全相同时没有倒摄抑制的程度。

以倒摄抑制为例来看学习程度的影响。可分为两方面，即原来材料的学习程度和插入材料的学习程度。如果其他条件相等，则可以预料，随着原来材料的学习程度的增加，插入材料所产生的倒摄抑制作用将减小。如果原来材料学习的程度不变，插入材料学习的程度越深，则它产生的倒摄抑制的影响越大。

（二）实验目的

检验学习两套相似材料的前摄作用和倒摄作用，学习前摄抑制和倒摄抑制的实验设计。

（三）实验材料

几何图形纸 30 张，每张 10 行，每行都印有按随机顺序排列的 5 种几何图形，各张互不相同。

图 4-1、图 4-2 是 5 种图形下面各有一个数字，数字是用来代表图形的，让被试根据图形数字对照表，将图形翻译成相应的数字。甲乙两种对照表中图形和数字是相同的，只是二者联系不同。

翻译答案 60 张，其中甲种 40 张，乙种 20 张。

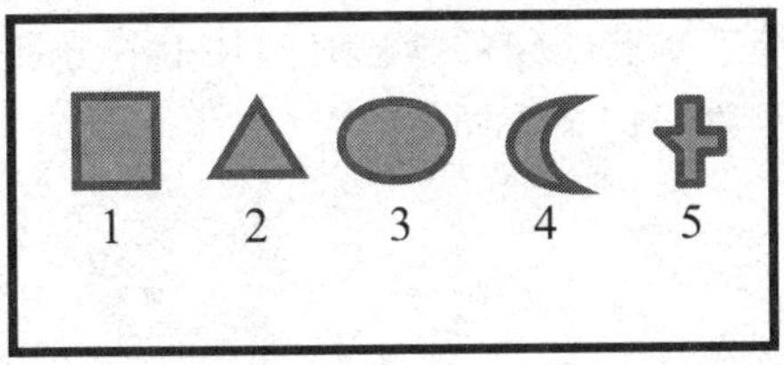

图 4-1 图形与数字对照表（甲种）

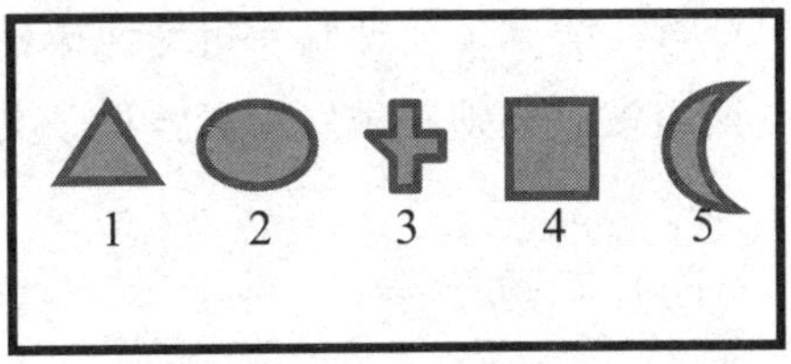

图 4-2 图形与数字对照表（乙种）

（四）实验步骤

1．测量前摄作用

（1）实验组 1 和控制组 1 的实验程序如表 4-4 所示。

表 4-4 测量前摄作用的实验程序

实验 1 组	学乙	休息 1 分钟	学甲	休息 5 分钟	检查甲
控制 1 组	——	休息	学甲	休息 5 分钟	检查甲

（2）让实验组被试坐在桌前，桌上放乙种对照表和图形纸，并对他说：“这是一项记忆实验。我们会先给你一个表和一张几何图形纸。表上分别写有代表 5 个几何图形的数字。我喊‘开始’后，你就按照表上的规定，尽快地将几何图形纸上的图形依次翻译成相应的数字。每看一行图形就将其相应的数字念出来。如果翻译错了，不管是自己发现的还是由我指出的，都要更正。翻译对了再往下译，直到连续三行不用看对照表都翻译对了，就算达到了学会的标准，这次实验到此就停止。”

主试喊“开始”时，同时看着答案纸，预备核对，当达到学会标准时，记下所学行数（不包括最后连续译对的那三行）。

过 1 分钟，让被试按甲种对照表和材料，用相同的方法实验和记录。

过 5 分钟，让被试背译甲种材料，然后上前对他说：“现在请你再翻译一张，要按后学的甲种对照表翻译，不看对照表，错了也不必改正。”

实验结束时问被试，换了学习材料后感到容易还是有些困难。

换控制组被试，让他用甲种材料重复以上程序。

2．测量倒摄作用

实验组 2 和控制组 2 实验程序如表 4-5 所示。

表 4-5 测量倒摄作用的实验程序

实验 2 组	学甲	休息 1 分钟	学乙	休息 5 分钟	检查甲
控制 2 组	学甲	——	休息	——	检查甲

休息时看画报，控制 2 组被试休息的时间等于实验 2 组的学乙时间加上 6 分钟。两组被试分别安排好的实验程序实验，指示语、记录等同上。

（五）实验结果

（1）分别将 4 组被试的实验结果列入表 4-6 和表 4-7。

表 4-6 学习相似材料的前摄作用

组 别	学乙行数	学甲行数	检查甲错误次数	前摄作用
实验 1 组				
控制 1 组	—			

表 4-7 学习相似材料的倒摄作用

组 别	学甲行数	学乙行数	检查甲错误次数	倒摄作用
实验 2 组				
控制 2 组		—		

（2）用下列公式计算前摄和倒摄作用，将结果分别填入以上两个表中。

（3）根据本实验结果，说明前摄和倒摄作用的性质和程度。

（六）讨 论

（1）如果在本实验中发现同一组被试的结果不一致，可能的原因是什么？

（2）假如要检查学习材料内容（不包括学习方式）的前摄或倒摄作用，实验设计要做哪些改变？

（3）比较学习迁移和前摄、倒摄作用在实验设计上的异同。

五、信号检测论再认记忆实验

（一）背景知识

1954 年，美国密歇根大学的塔纳和斯怀茨首先在心理学研究领域引进信号检测论，改变了传统上人们对感觉阈限的理解。信号检测论（Signal Detection Theory，简称“SDT”），是一种心理物理法，是关于人们在不确定的情况下对刺激做出判断时，如何做出决定的理论。传统的心理物理法认为人感知觉具有生理方面的局限性，刺激必须达到一定的强度（绝对感觉阈限和差别感觉阈限）才能被人所感知。信号检测论则认为无法识别信号主要障碍在于内部和外部干扰信号，因为这些干扰存在，所以并没有真正的感觉阈限。内部干扰信号主要指神经电冲动和神经化学传导过程产生的干扰；外部干扰指信号传输过程中的各种干扰。在 SDT 实验中通常把刺激变量看作是信号，把刺激中的随机物理变化或信息中的随机变化看作是噪音。常以 SN 表示信号，以 N 表示噪音。传统心理物理学实验将被试的反应局限在两种类型上：次级出现并报告“有”，或者刺激出现并报告“无”。SDT 方法将被试反应类型扩大为 4 种：（1）刺激出现并报告“有”，被称为“击中”；（2）刺激出现并报告“无”，被称为“漏报”；（3）刺激没有出现并报告“有”，被称为“虚报”；（4）刺激没有出现并报告“无”，被称为“正确拒斥”。因此，可以分为正确反应即“击中”和“正确否定”，错误反应即“漏报”和“虚报”。

SDT 有两个重要的独立指标：（1）辨别力指标 d′，是观察者对刺激的感受性的度量，一般不受情绪、期望、动机等因素影响，d′ 越大表示敏感性越高，d′ 越小表示敏感性越低。$d' = Z_{击中} - Z_{虚报}$；（2）判断标准，是观察者反应偏向的度量，常用似然比标准 β 或报告标准 C 值来进行衡量，β 值或 C 值高表示被试判断标准严，反之则松。其中 O_{SN} 和 O_N 分别对应信号分布和噪音分布上纵轴长度；I_2 为高强度刺激，I_1 为低强度刺激，Z_1 为低强度刺激时的正确拒斥概率的 Z 值。

艾根在 1958 年提出用信号检测论的方法研究再认，他向被试呈现一些语词材料，然后要求被试从一大堆语词中分辨出哪些是新的（未呈现过）刺激，哪些是旧的（呈现过）刺激。击中和虚报的概率受若干变量的影响，其中有学习的程度、新旧刺激的相似程度、被试的判别标准等。艾根的研究证明，用信号检测论的术语描述再认是有效的。现信号检测论的运用已扩展到记忆、思维、个性等各个领域。

（二）实验目的

了解信号检测论如何用于再认实验，学会计算 SDT 的指标 d′ 和 C 的方法。

（三）实验材料

EP2004 型心理实验台，EP801 速示仪，具体图形卡片 50 张，抽象图形卡片 50 张，词卡片 50 张。

（四）实验步骤

（1）将主机与附机 EPT801 连接好，打开电源，按“运行/待机”键。

（2）主试根据屏幕显示内容设置：联机模式→信号检测论→学号→姓名→A 视场（2 s）→间隔（7 s）→测试（25），主试把具体卡片中的“旧”卡片抽出随机排列好，把第一张插入 A 视场，讲完指导语后，按“确定”键，主机背后绿色指示灯亮，提示被试实验开始。实验时屏幕上“□”指着间隔时，主试依次将“旧”卡片插入 A 视场，直至测试暂停，鸣响。主试将看过的卡片与没有看过的“新”卡片混合，按卡片编号排列好，选再做一次，设置中次数改为 50 次，其余不变，再次向被试呈现，直至做满 50 次，鸣响，黄色指示灯亮，第一套材料试验结束。休息 3 分钟，主试选再做一次，按上述相同方法测试抽象卡片和词卡片。

（3）指导语：“下面给你呈现 25 张卡片，请你认真看，用心记，不必做出反应，结束后，我会再呈现 50 张卡片给你看，这 50 张卡片中有 25 张是你刚才看过的，而另 25 张是你没看过的，当你看到的是刚才见过的卡片时，请你按“是（ +)”键，当你看到的是刚才没有看见过的卡片时，请按“否（ –)”键。”

（4）被试见绿色指示灯后，眼睛靠近观察窗口，手按附机上的“确定”键，测试开始，当同样材料第二次呈现时，被试根据指导语做出反应，直至做满 50 次，鸣响，黄色指示灯亮，实验结束。

（5）主试按上述相同方法测定 3 套材料后，打印或查看数据，并将数据中“是”和“否”分别改为“+”和“–”填入记录表中。

（6）进行测试，更换被试。

（五）实验结果

根据记录表+、–，对照卡片上的新旧，分别统计出 3 种材料的击中次数、虚报次数、漏报次数和正确否定次数（填入下面矩阵），并根据公式计算 d′和 C 的值。

表 4-8　实验结果

刺激 \ 反应	报告“旧”的	报告“新”的
旧刺激	击中次数	漏报次数
新刺激	虚报次数	正确否定次数

（六）讨　论

（1）比较具体图形、抽象图形、词三种材料的不同结果，并用信号检测论分析一下，说明产生差异的原因。

（2）评论信号检测论用于再认实验的优缺点。

六、记忆心理实验报告示例

采用部分报告法和延迟报告法测定瞬时记忆容量

1. 背景知识

瞬时记忆又称“感觉登记”或“感觉记忆”，是指感觉经验发生后，感觉信号在脑的感受区保留一个短暂时间的能力，即当刺激物体的信息接触到人的感觉器官，使得到暂时的存贮，这种存贮形式便叫作“瞬时记忆”。感觉登记有不同的类型，如视觉登记、听觉登记等。凡接触到感觉器官的信息都成了登记的内容。

1960 年，斯佩林（G. Sperling）在瞬时记忆实验中发现全部报告法在再现的过程中有遗忘的现象，为打破这种旧方法的局限而提出了部分报告法，部分报告法再现时，只要求被试再现指定的一部分项目，再根据这一部分的结果估算保存的总量。

为进一步验证再现法会丧失信息的假设，Sperling 还做了延迟部分报告法实验，即在呈现识记材料后过一段时间再让被试部分报告。结果发现，当延迟 0.5 秒时，部分报告法所得结果与全部报告法接近；当延迟 1 秒时，两者就没有什么差别了。瞬时记忆有助于信息的积累，为人们感知事物的连续性提供了可能。

2. 实验目的

证实瞬时记忆现象及其性质，了解部分报告法和延迟报告法。

3. 实验材料

EP2004 型心理实验台，EP801 速示仪，卡片 42 张，注视卡片 1 张，笔、纸若干。

4. 实验步骤

4.1　从实验卡片中任意抽取 30 张，随机分成 3 组，每组 10 张，把每组的卡片号码写在记录纸上，交于被试做反应记录纸（要求回忆行数不要写上），另一张记录纸上主试要写上要求被试记忆的行数。

4.2　将主机与附机 EPT801 连接好，打开电源，按“运行/待机”键。

4.3　主试根据屏幕显示内容设置：联机模式→瞬时记忆→学号→姓名→A 视场（1 s）→间隔（10 s）→次数（10），把注视卡片插入 B 视场，把第一组中第一张卡片插入 A 视场，对被试给出实验指导语后，按“确定”键，主机背后绿色指示灯亮，提示被试可以实验。实验开始后，主试在屏幕上“□”指着间隔时，按事先排好的顺序更换卡片。

4.4　指导语：“现在让你看一组卡片，每张卡片上有三行数字和英文字母，因为时间很短，你要集中注意力看，每看过一张卡片后我会立即要求你写出其中一行的数字和字母，我说‘一’，你就在记录纸上把第一行内容写下来，说‘二’你就写第二行，说‘三’你就写第三行，动作尽量迅速。”

4.5　被试看见绿色指示灯后，眼睛靠近观察窗口，看注视卡片，按“确定”键测试开始，依据主试要求，回忆并写下数字和字母，直至做满 10 次，鸣响，黄色指示灯亮，测试暂时结束，被试休息 2 分钟。

4.6　主试选择再做一次，按相同方法，继续进行下一组测试，共三组（30 张卡片中每行要求写 10 次），此为立即报告法，接下去做延迟报告法，方法与立即报告法基本相同，其不同点是：①次数设 12 次（共 12 张卡片）；②卡片呈现后主试不是立即对被试讲出行数，而是过 2 秒再说“一、二或三”，被试据此写出字母和数字。

4.7　主试选择重做一次，更换下一名被试。

4.8　正式实验前，主试任取 3 张卡片，设置次数为 3，进行预备实验，由此让被试熟悉测试程序。

5. 实验结果

实验结果显示，三个被试立即报告的平均数基本上大于延迟报告。由表 1 我们可知：瞬时记忆的保存时间很短，记忆量有限，延迟记忆将干扰瞬时记忆的内容。

表 1　立即、延迟报告法正确回忆个数平均值表

方式/平均数	被试一	被试二	被试三	总平均
立即报告	2.27	1.7	1.5	1.82
延迟报告	1.47	1.8	0.6	1.3

6. 讨　论

6.1　做完实验后，我们小组深切体会到了瞬时记忆的两大特征。

6.1.1　对输入的信息储存的时间极短，如不及时加以处理传送至短时记忆，则很快消失。

6.1.2　每次能接收的信息有限，即使刺激项目多，但所能记忆的只是其中一部分，无法记忆全部内容。从实验结果来看，大家的回忆率都不高，特别是延迟回忆。

6.2　立即报告法

立即报告法是在接受刺激后马上对刺激做出反应，而延迟报告法是指在接受刺激后，过一些时间（通常是几秒钟）再做出相应的反应。立即报告法因为是立即做出反应，对识记内容保存较好；而延迟报告法则不可避免地产生了遗忘，识记效果不及部分报告法。

7. 结　论

不同的再现方式对瞬时记忆广度有影响；瞬时记忆容量有限、保存时间很短；延迟会干扰瞬时记忆的识记；立即报告法的识记内容显著多于延迟报告法。

8. 参考文献

[1]　赫葆源，张厚粲，等. 实验心理学[M]. 北京：北京大学出版社，1983.

[2] 郭秀艳. 实验心理学[M]. 北京：人民教育出版社，2009.
[3] 李寿欣，李传银，王学臣. 基础心理学实验指导[M]. 济南：山东人民出版社，2009.
[4] 张厚粲，徐建平. 现代心理与教育统计学[M]. 北京：北京师范大学出版社，2009.
[5] 坎特威茨，等. 实验心理学[M]. 9 版. 郭秀艳，等，译. 上海：华东师范大学出版社，2010.
[6] 张为民. 实验心理学[M]. 3 版. 北京：北京师范大学出版社，2011.
[7] 朱滢. 实验心理学[M]. 3 版. 北京：北京大学出版社，2014.

第五章　思维心理实验

【内容提要】

实验心理学的重点在于掌握心理学中的核心内容，切实领会心理学的实验理论、实验设计和研究案例。思维是心理过程的重要内容，它包含了概念、推理、问题解决等诸多内容。思维心理实验中学者们都是通过实验研究的方法来探索这些思维的过程和内容。本章节中所列出的河内塔实验、推理的气氛效应实验、创造能力测验、心理旋转实验都是与思维有关的经典研究。掌握本章内容有助于更好地理解心理思维过程、内容以及实验研究逻辑。

【学习重点】

1. 河内塔实验。
2. 推理的气氛效应实验。
3. 创造能力测验。
4. 心理旋转实验。
5. 思维心理实验结果的分析与应用。

一、河内塔实验

（一）背景知识

问题解决是一种重要的思维活动，它在人们的实际生活中占有特殊的地位，一直受到心理学家的重视和研究。认知心理学兴起后，信息加工观点在问题解决研究中占主导地位，将人看作主动的信息加工者，将问题解决看作是对问题空间的搜索，并用计算机来模拟人的问题解决过程。

河内塔问题是问题解决研究中的经典实验。给出柱子 1、2、3，在柱 1 上，有一系列圆盘，自上而下圆盘的大小是递增的，构成金字塔状。要求被试将柱 1 的所有圆盘移到柱 3 上去，且最终在柱 3 上仍构成金字塔排列，规则是每次只能移动一个圆盘，且大盘不可压在小盘上，可以利用圆柱 2。完成河内塔作业的最少移动次数为 2n-1 次，其中 n 为圆盘的数目，以下介绍“河内塔”问题的正确解法。

（1）在奇数序号柱子（如 1、3）移动最小圆盘，在偶数序号柱子移动次小圆盘。

（2）如果圆盘数量总是奇数，则将最小圆盘先从原柱上移向靶柱，再移向其他柱子，以此类推，反复进行。如果圆盘数量总是偶数，则最小圆盘先移到其他柱，再移到靶柱。

手段—目标分析法有利于解决“河内塔”问题，纽厄尔和西蒙在对手段—目标分析进行广泛研究的基础上，将它概况为以下四个步骤：

（1）如果给出的目标不是期望的目标，则需查明二者之间的关系。

（2）算子改变其运算对象的某些特征，不改变另外一些特征，所以算子产生的变化能说明算子的特征，并且算子能被用来减少对象与期望目标之间的差异。

（3）若选择的算子不适用，则需要加以修改。

（4）为了达到最终目标，可以暂时增加子目标与总目标之间的差距。

他们将这一问题编成了《通用问题解决者》（GPS）计算机程序。运用 GPS 来解决河内塔问题的程序同样适用四个圆盘或五个圆盘的任务。每增加一个圆盘，就增加了若干中间状态，使问题更为复杂。

（二）实验目的

本实验的目的是了解被试在解决河内塔问题时所用的思维策略。如果加入口头报告任务，还可研究口头报告对思维的影响。

（三）实验准备

（1）被试：2 名在校本科生（男生 1，女生 1，），年龄 22 岁，视力或矫正视力正常。

（2）装有 Psykey 心理教学系统大学版的计算机。

（3）柱子 1、2、3，在柱 1 上，有一系列圆盘（3 到 8 个），自上而下圆盘的大小是递增的，构成金字塔状；界面为 3 个柱子（1、2、3），左边第一个柱子上有一系列可以移动的圆盘（最少 3 个，最多 8 个）。

（四）实验步骤

（1）打开 Psykey 心理教学系统，选择“河内塔”实验，要求被试认真阅读指示语。实验时屏幕上呈现河内塔。

（2）练习：使用三个圆盘的河内塔进行练习，让被试掌握规则和操作方法。

（3）进行正式任务：被试依次完成 3～8 个圆盘的河内塔问题。

（4）记录结果：实验结束后，移动的次数和消耗的时间被自动保存。实验者可直接查看结果。

（五）实验任务和要求

计算机将自动记录其移动次数、重复次数和时间；每一水平最多可以重复的次数：30；每一水平最多可以移动的次数：800。

自变量：操作河内塔的方式。

因变量：移动的次数、所用时间。

（六）实验结果

表 5-1　统计被试河内塔问题解决的次数

盘　数	移动次数	所用时间/s	重复次数

（七）问题与讨论

（1）你在移动的过程中犯了哪些错误，原因何在？

（2）总结河内塔问题的最优问题解决方案和最少移动次数。

（3）试着从信息加工观点解释问题解决。

（4）河内塔实验结果的应用。

正确的内部表征对问题解决起着决定性的作用。因此，应该对学生的元认知能力加以训练，应采用启发式教学，帮助学生迅速在头脑中建立正确的问题表征，从而更快地发现适宜的解决问题的策略。教师在讲授某一门课的时候，应引导学生形成最佳的内部表征，从而缩短学习时间，减轻长时记忆和短时记忆的负担，并容易迁移到新的情境中。

二、推理的气氛效应

（一）实验背景

心理学主要研究推理的过程，即推理规则在头脑中的表征与运用，但人在实际进行的推理往往偏离逻辑规则，表现为不合逻辑。因此，心理学的研究常将人的推理的实际过程与逻辑规则进行比较，以查明推理是否偏离逻辑规范，从而深入了解人的推理过程。推理的主要形式有演绎推理、归纳推理、范畴推理等。范畴推理也叫作“三段论推理”，是指由两个判断作为前提而推出另一个判断结论的思维形式。这些命题都使用与数量有关的名词，如“所有”“有些”“都”等。例如，前提 1：所有的 A 是 B；前提 2：所有的 B 是 C；结论：所有的 A 是 C。

气氛效应是指前提的性质所产生的气氛，使人们倾向于得到与前提性质一致的结论。实验过程：向被试呈现各种三段论，每一个三段论中都有许多结论，其中一个结论是正确的，其他结论是错误的，要求被试根据前提选择正确的结论。结果发现，前提中的量词（如“有些”“所有”等）和连词（“是”“不是”）能影响人们的推理，使人产生难以避免的错误。例如，呈现材料：所有 A 是 B，有些 B 是 C；所以，（1）所有 A 是 C，（2）有些 A 是 C，（3）有些 A 不是 C，（4）所有 A 不是 C，（5）上述结论都是错误的。实验结果显示，许多被试都选择了（2）这一错误答案，正确答案为（5）。

“气氛效应”理论即推理的前提条件所具有的性质，会造成某种气氛，从而引导个体得出某种结论。具体来说，当出现两个肯定的前提时，就很容易使人得出肯定的结论，而当出现两个否定的前提时，就很容易使人得出否定的结论，而当出现一个肯定前提和一个否定前提的时候，则会使人倾向于做出否定结论。

对于“气氛效应”的实质至今尚未明确，“气氛效应”也许与定势有关，从信息加工观点来说，似乎可将“气氛效应”看作一种启发式策略的作用，人受到两个前提的共同性质或其中一个前提突出性质的启发，从而得出一定结论，这种启发法在一些三段论推理中可起有益作用，而在另一些情况下，则可能导致错误的结论。

（二）实验目的

推理的气氛效应是指在三段论推理中，前提的全称、特称或肯定、否定所造成的气氛会影响着推出的结论。武德沃斯和塞尔斯（Sells，1936）研究表明，如果两个前提同是 A 命题（肯定句），或同是 E（否定句），或同是 I（部分肯定），或同是 O（部分否定），那么，气氛就与之相应。如果两个前提是不一致的，那么，否定的和特称的气氛较占优势。实际上，推理的气氛效应也是一种定式，是推理者对所给前提的囫囵印象的定式。如果推理者对所给予的资料仔细加以分析，气氛效应就会明显削弱。本实验的目的是验证三段论推理中的气氛效应及其产生条件。

（三）实验准备

用符号编制三段论法问卷及标准答案。

AA　所有的 X 都是 Y；所有的 Z 都是 Y；所以，A：所有的 X 都是 Z，I：有些 X 是 Z，O：有些 X 不是 Z，E：所有的 X 都不是 Z。

AI　所有的 X 都是 Y；有些 Y 是 Z；所以，A：所有的 X 都是 Z，I：有些 X 是 Z，O：有些 X 不是 Z，E：所有的 X 都不是 Z。

AO　所有的 X 都是 Y；有些 Z 不是 X；所以，A：所有的 Z 都是 Y，I：有些 Z 是 Y，O：有些 Z 不是 Y，E：所有的 Z 都不是 Y。

AE　所有的 X 都是 Y；所有的 X 都不是 Z；所以，A：所有的 Z 都是 Y，I：有些 Z 是 Y，O：有些 Z 不是 Y，E：所有的 Z 都不是 Y。

II　有些 X 是 Y；有些 Y 是 Z；所以，A：所有的 X 都是 Z，I：有些 X 是 Z，O：有些 X 不是 Z，E：所有的 X 都不是 Z。

IO　有些 X 是 Y；有些 Y 不是 Z；所以，A：所有的 X 都是 Z，I：有些 X 是 Z，O：有些 X 不是 Z，E：所有的 X 都不是 Z。

IE　有些 X 是 Y；所有的 Y 都不是 Z；所以，A：所有的 Z 都是 X，I：有些 Z 是 X，O：有些 Z 不是 X，E：所有的 Z 都不是 X。

OO　有些 X 不是 Y；有些 X 不是 Z；所以，A：所有的 Y 都是 Z，I：有些 Y 是 Z，O：有些 Y 不是 Z，E：所有的 Y 都不是 Z。

OE　有些 X 不是 Y；所有的 Y 都不是 Z；所以，A：所有的 Z 都是 X，I：有些 Z 是 X，O：有些 Z 不是 X，E：所有的 Z 都不是 X。

EE　所有的 X 都不是 Y；所有的 X 都不是 Z；所以，A：所有的 Y 都是 Z，I：有些 Y 是 Z，O：有些 Y 不是 Z，E：所有的 Y 都不是 Z。

（四）实验程序

（1）把全班学生随机地平均分为两组：实验组和控制组。

（2）对实验组和控制组的指导语。对实验组的指导语："请你们来做一些三段论推理的练习。什么叫作三段论推理呢？举个例子来说，哺乳动物是脊椎动物，鲸是哺乳动物，所以，鲸是脊椎动物。这就是三段论推理的一种。让你们来做的练习就类似于这样的一些题。请你们根据每道题上面的两句话推导出第三句话，并在空白处填上适宜的文字；如果你觉得第三句话推导有困难，可以不做。明白了吗？（回答问题）请你们做得快一点，做得越快越好。预备，开始！"对控制组的指导语："请你们仔细分析，注意各个项目之间的相互关系。"其余均同。

（五）实验任务与要求

自变量：前提的氛围。因变量：推论的结果。

要求：保证实验组在回答问题时的推理气氛效应。

（六）实验结果

用标准答案检查被试的答案，统计每道题错误结论的 A、E、I、O 数，将这些数据列入表 5-2。

表 5-2　实验结果

	正确题数	错误题数
A		
E		
I		
O		

（七）讨　论

（1）将实验组所得的结果与塞尔斯的实验结果进行比较。如果有显著差异，试说明原因。

（2）比较实验组和控制组的实验结果，进行差异显著性检验，说明产生差异的原因。

三、南加利福尼亚大学创造思维实验

创造力测验主要测量各种创新思维能力。20 世纪 50 年代，吉尔福特等心理学家发现，智力测验不能测量人的创造力。目前所编制的创造力测验的题目多属开放型，导致了评分和确定效度、信度方面的困难。创造力测验目前还主要用于科学研究，是心理测验适应时代需要的一个新动向。当前的几个创造力测验的信度一般比智力测验信度低，但创造力测验在一定程度上还是能够预测一个人的创造成就的大小。创造力测验典型方法有南加利福尼亚大学测验、托兰斯创造思维测验、芝加哥大学创造力测验等。以下介绍一个经典的创造力测验——南加利福尼亚大学测验。

（一）实验背景

南加利福尼亚大学测验又称“吉尔福特智力结构测验”，是吉尔福特及其同事在对智力结构的研究中发展起来的，主要测量发散思维。吉尔福特认为发散思维是创造力的外在表现，由此他将该测验发展为一套创造力测验。该测验由言语测验和图形测验两部分组成，共 14 个项目。言语部分有 10 个项目：字词流畅、观念流畅、联想流畅、表达流畅、多种用途、解释比喻、效用测验、故事命题、推断结果、职业象征。图形部分包括 4 个项目：作图、略图、火柴问题、装饰。这套包含 14 个分测验的测验适用于初中生。另一套包含 5 个言语分测验和图形分测验的测验适用于初中以下的学生。这两套测验都根据被试反应的数量、速度和新颖性，依照记分手册的标准记分。这个测验是常用的创造力测验，它们多用于研究工作。

（二）实验目的

发散思维是创造力的外在表现，吉尔福特认为发散思维是思维向不同方向分散的能力，它不受给定事实的限制，个体在解决问题的过程中能产生不同的解决问题的方法及思路。创造力测验的目的就是测试学生的发散思维的能力。

（三）实验材料

实验南加利福尼亚测验，图 5-1 是智力结构模型中发散思维块的位置，它属于操作维度的部分，与内容、成果维度组成了一个个智力因素，图中的字母代表已有测验能进行测量的因素。

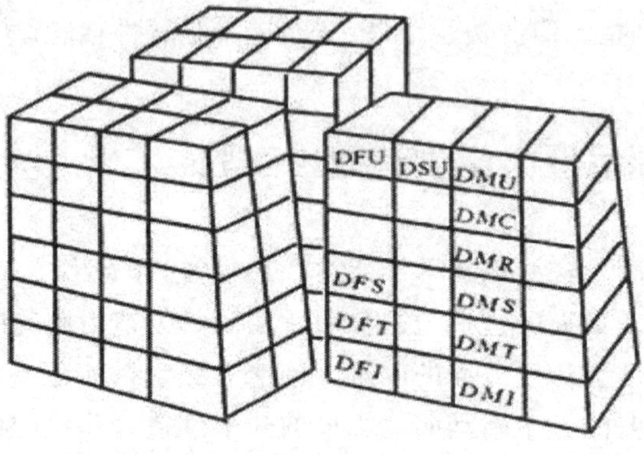

图 5-1　智力结构模型

图 5-1 中，各符号意义如下。（1）操作。D 表示发散思维。（2）内容。F 表示图形；S 表示符号；M 表示语义；B 表示行为。（3）成果。U 表示单元；C 表示类别；R 表示关系；S 表示体系；T 表示转换；I 表示蕴涵。

（四）实验步骤

（1）首先填写受测者的一般情况、测验时间、地点和主测者，然后按照测验的标准程序进行测验。

（2）测验方法。

词语流畅性（DSU）：迅速写出包含某个字母的单词，如“O”——load，over，pot 等。

观念流畅性（DMU）：迅速列举属于某一种类事物的名称，如“能燃烧的液体”——汽油、煤油、酒精等。

联想流畅性（DMR）：列举近义词，如“艰苦”——艰难、困难、困苦等。

表达流畅性（DMS）：写出每个词都以特定字母开头的四词句，如“K、U、Y、I”——Keep up your interest 等。

非常用途（DMC）：列举一个指定物体的各种可能的非同寻常的用途，如“报纸”——点火、包装箱子时作为填充物等。

解释比喻（DMS）：以几种不同方式完成包括比喻的句子，如“一个女人的美丽就像秋天，它——”，答案可能是“在还没来得及充分欣赏时就消逝了”等。

效用测验（DMU，DMT）：尽可能多地列举每一件东西的用途。根据回答总数计算观念流畅性的分数，根据用途种类的变化计算变通性的分数（属于同一范畴的用途只能记一分）。

故事命题（DMU，DMT）：写出一个短故事情节的所有合适的标题。如“冬天快到了，商店新来的售货员忙着销售手套，但他忘记了手套应该配对出售，结果商店最后剩下 100 只左手的手套。”答案可能有：只有左手的人、新职员、100 只手套……可根据标题总数（思想流畅性）及有创见的标题数目（独创性）记分。

推断结果（DMO，DMT）：列举一个假设事件的不同结果。如“假如人们不需要睡眠会产生什么结果？”答案可能是：干更多的活，不再需要闹钟……记分方式同故事命题的记分方式。

职业象征（DMI）：列举一个给定的物体或符号所象征的职业，如“灯泡”，可以是电气工程师、灯泡制造商等。

组成对象（DFS）：利用一套简单的图案，如圆形、三角形等，画出几个指定的物体，任一图案都可重复或改变大小，但不能增加其他任何图形。例如给出指定图形圆形、长方形、三角形、梯形，可将圆形和长方形组合成人脸，将梯形、三角形以及长方形组合成台灯等。

绘图（DFU）：要求将一简单图形复杂化，给出尽可能多的可辨认物体的草图。

火柴问题（DFI）：移动特定数目的火柴，保留特定数目的正方形或三角形。

装饰（DFI）：以尽可能多的不同设计修饰一般物体的轮廓图。

（五）实验任务和要求

自变量：南加利福尼亚大学测验。

因变量：发散能力的水平。

要求：（1）被试严格按照时间限制回答问题。

（2）实验环境相对放松，尽可能发挥被试的真实水平。

（六）实验结果

（1）比较不同被试发散能力在不同部分的差异。

（2）比较被试发散能力在不同部分的相关性。

（七）问题和讨论

本实验研究学生的发散能力，为研究学生的创造力提供依据。

四、托兰斯创造思维测验

（一）实验背景

由美国明尼苏达大学心理学教授托兰斯编制（1966）的创造思维测验是目前应用最广泛的创造力测验，适用于从幼儿园到研究生水平的个体，但对四年级以下的儿童需要进行个别口头施测。它是一项主要考查发散性思维创造性成就的智力能力测试，涵盖发散性思维能力、好奇心、假设性思维、想象力、情感表现力、幽默感、打破常规的能力等方面，已被运用了很多年。从 1966 年 2008 年，有 30 万的美国人参加了这一测试。自 20 世纪 60 年代以来，托兰斯测试经历了数次修订，被业界认为是对发散性思维的可靠检测。此外，创造力测验至今仍停留于探索阶段，它与成就测验的相关很低。这个测验是常用的创造力测验，多用于研究工作。

（二）实验目的

主要考察个体思维流畅性、灵活性、独创性、精确性这几个变量。

（三）实验材料

托兰斯创造思维测验包括 12 个分测验，即“活动”，主要有三套测验，每套皆有两个复本。

（四）实验步骤

（1）首先填写受测者的一般情况、测验时间、地点和主测者，然后按照测验的标准程序进行测验。

（2）测验方法。

言语创造性思维测验包括 7 项活动。前 3 项活动要求被试根据所呈现的图画，列举出他为了解该图而欲询问的问题、图中所描绘的行为可能的原因及该行为可能的后果；活动 4 要求被试对给定玩具提出改进意见；活动 5 要求被试说出普通物体的特殊用途；活动 6 要求对同一物体提出不寻常的问题；活动 7 要求被试推断一种不可能发生的事情一旦发生会出现什么后果。测验按流畅性、变通性及独创性记分。

图画创造性思维测验包括 3 项活动。活动 1 要求被试把一个边缘为曲线的颜色鲜明的纸片贴在一张空白纸上，贴的部分由他自己选择，然后以此为出发点，画一个非同寻常的能说明一段有趣的振奋人心的故事的图画；活动 2 要求利用所给的少量不规则线条画物体的草图；活动 3 要求利用成对的短平行线（A 本）或圆（B 本）尽可能多地画出不同的图。此套测验皆根据基础图案绘图，可得到流畅性、灵活性、独创性和精确性四个分数。

声音词语创造性思维测验是后发展起来的，两个分测验均用录音磁带实施。第一个活动为音响想象，要求被试对熟悉及不熟悉的音响刺激做出想象；第二个活动为象声词想象，围绕十个诸如“嘎吱嘎吱”等模仿自然声响的象声词展开想象。两个活动皆为言语性反应，对刺激作自由想象，并写出联想到的有关物体或活动。根据反应的罕见性，记独特性分数。

托兰斯测验的评分者信度为 0.80 ~ 0.90，其复本及分半信度在 0.70 ~ 0.90，没有可靠的效度证据。

（五）实验任务与要求

自变量：托兰斯创造思维测验。

因变量：创造力水平。

实验要求环境相对安静，有利于被试正常发挥。

（六）实验结果

（1）比较不同被试创造力的差异。
（2）比较同一被试创造力各部分的相关性。

（七）问题与讨论

本实验研究学生的思维能力，为研究学生的创造力提供依据。

五、思维心理实验报告示例

大学生表象心理旋转的实验报告

1. 背景知识

心理旋转，又称“心智旋转”，是一种想象自我或客体旋转的空间表征动力转换能力，也是一种评定空间智能的重要标尺。对于心理旋转能力及其性质的研究不仅在理解人类空间认知行为方面具有重要的理论意义，而且具有十分重要的应用价值。

20 世纪 70 年代 Cooper 和 Shepard 做了心理旋转的研究，而表象的心理旋转实验主要利用 PsyKey 心理教学系统，通过 15 名心理学生被试判断不同角度“R”的正反向的反应时，来验证表象心理旋转现象的存在。实验结果表明，被试在辨别图形时，需要将头脑中贮存的图形表象进行放置，随着难度增加，反应时也随着延长，二者呈线性关系。

心理旋转具有其神经机制，在研究过程中，通过如正电子发射层析照相术、功能磁共振成像术和脑电技术等，发现顶叶、枕叶和额叶在心理旋转过程中起重要作用（王鹏，游旭群，刘永芳，2005）。1971 年，美国斯坦福大学的心理学家谢帕德（R. Shepard）和梅茨勒（Metzler）等做了一系列实验，实验的材料是一对不同方位的立方体的二维形式图。

要求被试判断并记录所用的时间给被试呈现 A 和 B 两对完全相同的图形，所不同的仅仅是它们的方位，A 中两个物体在平面上相差 80° 角，B 中两个物体的深度上相差 80° 角。再呈现两个方位和结构都不同的 C 物体。谢帕德和梅茨勒制作了 1600 对这类图片，他们请了 8 位成人被试进行判断实验。被试报告了他们判断时使用的方法：首先是把一个物体图形做心理旋转，直到与另一物体的方位相同，然后进行匹配比较，从而做出完全相同或完全不同的判断。从被试对 800 对同物图片判断的结果可以看出，无论图片所示的物体是在平面上调转（即通过旋转画纸就可以实现），还是在三维深度中旋转（把物体方位旋“进”画纸中去），判断所用的时间同两物图片上的角度差异呈线性关系，即旋转的度数越多，反应所用的时间越长。这就是著名的心理旋转实验。

心理旋转实验说明表象这一心理现象是客观存在的，是可以用科学的实验方法证明的。心理旋转的实验证明了表象的存在，并非像行为主义心理学所断言的那样，外界刺激传入大脑，就如同进了黑箱子，人们无法知道头脑是怎样活动的。也不像机能主义心理学那样，单凭被试的内省报告就来分析人的心理活动。认知心理学用实验进一步揭露信息在大脑中进行加工的过程。心理旋转实验证明了表象是物体的抽象的类似物的再现。

在没有刺激呈现的情况下，头脑中出会对视觉信息和空间信息进行加工。表象是真实物体的类似物，它是以观念的形式存在于头脑中的，具有直观性。大脑对表象的加工操作类似于对真实物体进行知觉时的信息加工。事实上，心理旋转正是真实的物理旋转的一种类似物，只不过表象是这种实物旋转在头脑中的复现而已，并且复现时不受任何感觉通道的束缚。

2. 实验目的

验证表象心理旋转的存在。

3. 实验准备

3.1 被 试

实验被试共 15 名，均为同班级大二心理学专业女同学，平均年龄 20 岁，各项生理指标正常。将实验被试随机分组。

3.2 实验设备

多媒体计算机、PsyKey 心理教学系统。

4. 实验步骤

4.1 正式实验前

4.1.1 让被试按要求打开 PsyKey 心理教学系统软件，并输入个人信息。

4.1.2 让被试端坐在计算机前，双手持手键，左右手的大拇指分别放在红键和绿键上。

4.2 正式实验

4.2.1 被试按要求仔细阅读屏幕上的指导语，“请判断屏幕上字母是正 R，还是反 R，如果是正 R 就用左手食指按红键，如果是反 R 就用右手食指按绿键，每次判断要求准确而迅速。”

4.2.2 点击“开始实验”

4.2.3 记录结果。打开软件“实验结果”，按照实验记录表要求记录原始数据和结果分数。

5. 实验任务和要求

自变量：R 的不同角度。

因变量：反应时间。

5.1 每个被试至少完成两次实验测试，其中第一次作为练习，第二次数据作为实验结果。

5.2 本实验要求被试判断屏幕上呈现的不同角度的“R”的正反，记录判断时间。

在验证 Cooper 和 Shepard 的实验结果时，为防止错误数据进行干扰，在数据处理过程中，将错误次数达三次及三次以上的数据取出。（该组数据中无三次以上错误数据）

6. 实验结果

15 名被试判断不同角度的正“R”和反“R”的平均反应时数据如表 1 所示。

表 1　15 名被试判断平均反应时

分　组	N	正平均反应时/ms	反平均反应时/ms
0°	30	720.38	823.26
60°	30	824.26	947.45
120°	30	1053.71	1070.39
180°	30	1508.29	1385.33
240°	30	1227.31	1209.84
300°	30	1008.26	996.47

因 15 名被试均为 2010 级心理学专业学生，智力状况没有显著差异，所以数据均是有效的。

由表 1 可以看出，无论正反，顺时针 0 度至 180 度的过程中，随着刺激偏离正位的度数越大，被试判断正“R”和反“R”所用的反应时越长，当达到 180 度时，反应时最长。逆时针 0 至 180 度时，结果相同，均遵循最短加工路径。实验结果基本验证了 Cooper 和 Shepard 的心理旋转实验：表象的连续心理旋转现象确实存在，顺时针心理旋转和逆时针心理旋转均遵循最短加工路线。

7. 问题与讨论

7.1　并不是所有的实验数据正确率都是 100%，所以可能会对结果产生一定影响。

7.2　在课堂教学实验中，并没有遵循严格的实验程序，对被试状态以及实验室环境也没有进行严格控制，所得结果可能不准确。

7.3　样本较少，可能会产生误差。

7.4　根据对于相关资料，判断正“R”的平均反应时应比反“R”的平均反应时低，但是在此次实验中没有发现此结果，可能是因为以上三条所造成的误差导致的。

8. 参考文献

[1]　王甦. 认知心理学[M]. 北京：北京大学出版社，1995.

[2]　黄希庭. 心理学实验指导[M]. 北京：人民教育出版社，1987.

[3]　彭聃龄. 普通心理学[M]. 北京：北京师范大学出版社，2008.

[4]　邵志芳. 认知心理学[M]. 上海：上海教育出版社，2006.

[5]　杨治良. 实验心理学[M]. 杭州：浙江教育出版社，1998.

[6]　郑日昌. 心理测验与评估[M]. 高等教育出版社，2005.

[7]　贾林祥，张新立. 心理学基础[M]. 江苏：南京大学出版社，2014.

[8]　罗伯特·M. 卡普兰.心理测验[M]. 上海：上海人民出版社，2010.

第六章　情绪心理实验

【内容提要】

情绪是伴随着认知和意识过程产生的对外界事物的态度，是对客观事物和主体需求之间关系的反应，是以个体的愿望和需要为中介的一种心理活动。从古至今有许多心理学家试图建立理论解释对情绪体验的生理和心理的关系，最经典的有詹姆斯-兰格的外周神经系统反应理论、坎农-巴德的中枢神经过程理论、沙赫特的认知评价理论。现在的研究发现，情绪具有明显的功能性，研究指出其和动机以及唤醒程度有着密切的关系，同时心理学在进行记忆的研究时还发现情绪会成为记忆线索影响信息的提取，这体现了情绪的认知功能，最后情绪在人际交往以及心理健康方面的影响体现了其社会性的功能。由于情绪所特有的复杂性以及心理学研究方法上的局限，心理学早期对于情绪研究较为简单，但随着计算机科学和脑科学的发展，现在越来越多的研究者开始关注情绪及其相关概念的研究。本章将带领大家了解与情绪相关的基本心理学实验。

【学习重点】

1. 了解情绪的基本概念以及三大经典的情绪理论。
2. 了解和掌握情绪研究中常见的研究方法以及经典的情绪研究设计。
3. 了解和掌握情绪评估相关问卷的使用。
4. 学习与情绪内容相关的研究报告的写作。

一、表情认知实验

（一）背景知识

达尔文在《人类和动物的表情》中提到通过面部表情研究了解个体的情绪。表情按面部不同部位的肌肉运动而模式化，但这种面部反应模式并不只是单纯的肌肉运动，它具有心理学的意义，那就是传递各种具体的情绪信息，如快乐、悲伤、愤怒等状态。所以面部表情的记录和识别是一个很好的途径，能有效地帮助我们了解个体的情绪状态。从20世纪70年代初开始，国内外开始出现了关于面部表情的研究，发展到后来的面部动作编码系统的研究。其中以艾克曼（Ekman，1971，1978）、伊扎德（Izard，1979，1980）等人的工作最为系统。我国心理学家孟昭兰（1987）在其理论中也指出面部表情是传递具体信息的外显行为，是提供人们在感情上互相了解的鲜明标记。

（二）实验目的

本实验的目的在于通过实验了解个体识别面部表情的基本特征。

（三）被　试

主试与被试均为心理学专业本科生。

（四）材料和仪器

仪器：采用EP-2004心理实验平台的速示器单元。

材料：面部表情卡片6张（高兴、惊讶、恐惧、愤怒、厌恶、轻蔑），记录用纸2种（一种为实验报告纸，另一种为事先印制好编号与描述各种表情的词语的记录纸），注视点卡片1张。

（五）程序

用明度测试卡调节A、B视场的明度，达到基本一致；在“工作方式选择”栏，将A选“定时”，B选“背景”，选“A—B”顺序方式；在“时间选择”栏，将A定为“5000”；被试坐在桌前，面部贴紧速示器观察窗，两眼注视屏幕中心；将注视点卡片输入B视场，表情卡片按顺序依次输入A视场。将全体被试分为相等两组。A组被试发给印好的记录纸。该记录纸横行为编号，纵列为各种表情词。指导语：“请你一张一张地看一些与记录纸上情绪词一致的表情图片，你判断是哪种表情，就在相应序号列中与之相匹配的情绪词格内打“√”。给B组被试发一张白纸，指导语为：“请你一张一张地看一些表情图片，要求你用形容词描述是何种表情，并按呈现顺序写在白纸上。”两组被试呈现卡片顺序相同，并且不允许两组被试之间互通信息。

（六）统计分析

分别统计两组被试对各种面部表情正确判断的百分数，并对两组判断的平均正确率进行显著性检验。

（七）分析和讨论

询问每名被试他们是用什么辅助方法辨认面部表情的？（有四个参考的选项：a. 模仿面部表情并体验；b. 想象适合面部表情的情绪；c. 联想过去的经验；d. 其他程序或线索）

二、抑郁自评量表

（一）背景知识

抑郁已成为世界第四大疾患，在美国，每 15 个人中就有一个患有中度或重度的抑郁症，我国大约有 4 000 万人正遭受抑郁的痛苦。在大学生死亡原因的调查中也发现，抑郁症排第二位。抑郁成因有很多，主要包括遗传因素、体质因素、中枢神经介质的功能及代谢异常、精神因素等。在中国精神病症诊断标准（The Chinese Classification of Mental Disorders, CCMD-3），国际疾病分类（international Classification of diseases，ICD-10）和美国的精神障碍诊断与统计手册（Diagnostic and Statistical Manual of Mental Disorders，DSM-IV）中都对抑郁的评估标准和分类有明确的规定。抑郁症与一般的“不高兴”有着本质区别，综合起来有三大主要症状：情绪低落、思维迟缓和运动抑制（主要表现为运动机制受限）。现在常用问卷进行初步、快速的检查和评估。

（二）实验目的

通过自评了解抑郁自评量表的使用。

（三）被　试

被试均为心理学专业本科生。

（四）材料和仪器

本实验采用的自评量表为抑郁自评量表（Self-Rating Depression Scale，SDS），该量由 Zung 编制于 1965 年。为美国教育卫生福利部推荐的用于精神药理学研究的量表之一，因使用简便，应用颇广。

（五）程　序

拿到纸质版抑郁自评量表后，首先阅读指导语："本评定量表共有 20 个题目，分别列出了有些人可能会有的问题。请仔细阅读每一条目，然后根据最近一星期你的实际感受，选择一个与你的情况最相符的答案。A 表示没有该项症状，B 表示小部分时间有该项症状，C 表示相当多的时间有该项症状，D 表示绝大部分时间或全部时间都有该项症状。请你不要有所顾忌，应该根据自己的真实体验和实际情况来回答，不要花费太多的时间去思考，应顺其自然，根据第一印象做出判断。"然后，完成自评过程。

（六）统计分析

正向记分题 A、B、C、D 按 1、2、3、4 记分；反向记分题按 4、3、2、1 记分。（反向记分题号：2、5、6、11、12、14、16、17、18、20）

初始分按照每题得分之和进行计算，初始分乘以 1.25 取整数，得到标准分。分数越高，表示这方面的症状越严重。一般来说，抑郁总分低于 50 分者为正常，53 ~ 62 分者为轻度抑郁，63 ~ 72 分者是中度抑郁，72 分以上者是重度抑郁。

（七）分析和讨论

（1）在自评过程中如何报告自己的内心状态？

（2）在进行分数的计算后如何帮助自身（他人）了解结果的含义？

三、考试焦虑量表

（一）背景知识

焦虑是一种常见的心理状态，会对身心造成影响，使人们的心理、生理产生不同程度的变化，一般心理上的表现为紧张、担心、焦虑不安、冲突或挫折；生理上表现为头痛、腹泻、出汗、尿频等。适度的焦虑是一种正常的生理或心理现象，但长期、持久的或过度的焦虑就会影响人的生活状态和社会功能，过度的焦虑紧张往往会妨碍认知活动，降低工作效率。Sarason 考试焦虑量表（Test Anxiety Scale，TAS）由美国临床心理学家 Irwin G. Sarason 教授于 1978 年编制完成，共有 37 个项目。Sarason 考试焦虑量表是目前国际上广泛使用的考试焦虑量表之一。TAS 的中文版由华南师范大学心理系的王才康于 1999 年译出，并投入使用。Sarason 本人报告，TAS 有良好的信度和预测效度。Sarason 间隔几个星期测试，得到重测信度为 0.80。Sarason 还通过实验证明,高考试焦虑的个体在完成复杂认知任务时作业成绩较差,这些研究证明 TAS 有很好的预测效度，王才康研究发现，文版的 TAS 也有良好的信度和效度一星期间隔的重测信度为 0.60，内在一致性系数为 0.64。TAS 和另一考试焦虑量表 TAI 担心（W）和情绪性（E）的两个分量表的相关系数分别为 0.48 和 0.60，这表明 TAS 有较好的内容效度，他还发现 TAS 和状态—特质焦虑问卷（STAI）之状态焦虑（S-AI）的相关为 0.50；而 TAS 和一般自我效能感（GSES）的相关为 0.51。因此，可以认为 TAS 用于考试焦虑研究是合适的。

（二）实验目的

了解考试焦虑问卷的评估过程。

（三）被　试

被试均为心理学专业本科生。

（四）材料和仪器

考试焦虑量表（纸质版）。

（五）程　序

拿到纸质版抑郁自评量表后，首先阅读指导语“下列 37 个句子描述人们对参加考试的感受，请你阅读每一个句子，然后根据你的实际情况（感受），在右面选择合适的答案，并在是或否上面打√。答案没有对错、好坏之分，只需按实际情况填写。请尽量快些作答，但切勿遗漏。我们真诚感谢你的合作！”然后，完成自评过程。

（六）统计分析

各项目均为 1 ~ 0 评分。对每个项目，被试根据自己的实际情况答是或否。被试根据自己的实际情况答“是”或“否”。评分时，“是”记 1 分，“否”记 0 分，反向记分题目则相反（反向记分题号第 5，15，26，27，29，33）。

TAS 得分 12 分以下的考试焦虑属于较低水平，12 分至 20 分属中等程度，20 以上属较高水平，15 分或以上表明该被试的确感受到了因要参加考试而带来的相当程度的不适感。

（七）分析和讨论

（1）考试焦虑的水平的评估是否会因为评定时间的变化而产生变化？
（2）如何帮助自身（他人）了解结果的含义？

四、情绪对动作稳定性影响实验

（一）背景知识

动作稳定性是动作技能的一个重要指标，受个体自身和外界很多因素的影响，其中情绪就是一个重要的影响因素。情绪的波动会引起手臂肌肉的震颤。当一个人尽量控制自己的身体、手臂和手指等保持不动时，往往仍有明显的不由自主的细微颤动，身体某部位的这种颤动范围可作为控制运动能力的指标。颤动范围越大，控制运动的能力越低；反之，控制运动的能力越强，而当一个人出于某种情绪状态时，这种身体的不自主颤动会比心平气和时明显，所以这种颤动范围又可作为情绪强度的指标。

本实验所用的九洞动作稳定器就是一种通过测定手的动作稳定程度来间接测量情绪波动程度的仪器。

（二）实验目的

（1）掌握动作稳定性的测试方法。
（2）了解情绪对动作稳定的影响。

（三）被　试

主试与被试均为心理学专业本科生。

（四）材料和仪器

采用 EP-2004 心理实验平台的动作稳定测定单元，选择九洞任务。

（五）程　序

实验一：个体动作稳定性测定

将动作稳定测定单元与心理实验平台连接好后，选择九洞任务。主试宣读指导语："请你用优势手握住测试笔，悬肘使测试笔与九洞仪垂直地伸入洞内，直到与洞底接触（这时九洞仪上方源灯亮）再取出。笔进出洞不得碰洞边，先进大洞完成三次不碰洞边算通过，每次完成一个洞三次，你就用测试笔点击九洞仪，结束点一次，然后向我报告完成哪个洞。如果对同一洞连续碰边两次，该洞就算没有通过，当笔碰边时九洞仪上方红灯亮并有报警声。完成大洞再依次进较小的洞。”

主试发出“预备”口令后，按动试验台操作箱内左侧“启动”按钮，被试开始实验，按上述要求做完实验后，另换一被试按同法进行测试，主试分别记录各被试通过的洞的直径和时间，并以三次通过的最小洞的直径的平均数的倒数作为动作稳定性的指标。

实验二：情绪状态下个体动作稳定性测定

主试设置比赛情境，激发各被试情绪状态，按上述步骤分别测试各被试在比赛情境下的动作稳定性的指标。

（六）统计分析

实验平台自动统计每个被试完成的最小洞的平均数，通过统计软件进行差异性检验。

分析个体在竞赛情景下（有情绪状态）和平常状态的动作稳定性是否产生变化。

（七）分析和讨论

（1）动作稳定是否存在性别的差异？

（2）情绪状态对动作稳定的影响效果有多大？

（八）参考文献（略）

五、情绪心理实验报告示例

中考前初中生考试焦虑状况的调查

目的：了解中考前初中生考试焦虑状况。

方法：随机抽取成都市两所初中共 200 名学生，采用考试焦虑量表（TAS）对他们进行问卷调查。

结果：（1）有高度考试焦虑水平的被试占总调查人数的 34.5%，具有相当程度不适感的被试占总调查人数 59.3%。（2）男生轻度焦虑的比例高于女生，中度和高度焦虑的比例均比女生低，但是男女群体在考试焦虑水平上不存在显著差异。（3）成绩优秀组与成绩良好、中等、合格三组在考试焦虑水平上存在显著差异结论：初中生面对中考会产生不同程度的考试焦虑，不同成绩的学生其焦虑水平不一样。

关键词：初中学生；考试焦虑；TAS

焦虑是一种常见的心理状态，会对身心造成影响，使人们的心理、生理产生不同程度的变化，一般心理上的表现为紧张、担心、焦虑不安、冲突或挫折；生理上表现为头痛、腹泻、出汗、尿频等。适度的焦虑是一种正常的生理或心理现象，但长期、持久的或过度的焦虑就会影响人的生活状态和社会功能，过度的焦虑、紧张往往会妨碍认知活动，降低工作效率，导致成绩下降，严重的还会造成疾病。“考试焦虑”被定义为是与课程考试或升学考试、智能检查等相关的焦虑，考试作为一种重大生活事件同时也是一种应激事件引起焦虑是中学生常见的一种精神卫生问题，过度的考试焦虑不仅会影响学生的考试成绩，而且会对他们的身心健康造成负面影响。所以对考试焦虑的研究已成为我国学校心理学和临床心理学近年来研究的热点。

1. 对象与方法

1.1 对　象

本研究是在中考前一个月，随机抽取成都市两所初中初三学生 200 名，发放问卷 200 份，回收问卷 200 份，剔除无效问卷 6 份，有效问卷 194 份，有效率为 97%。被试基本情况为，男性 110 名，女性 90 名；成绩优秀的被试为 39 名，良好为 69 名，中等为 60 名，合格为 32 名。

1.2 工　具

采用 Sarason 考试焦虑量表（Test Anxiety Scale，TAS），共 37 个项目，TAS 得分 12 分以下的考试焦虑属于较低水平，12 分至 20 分属中等程度，20 分以上属较高水平，15 分或以上表明该被试的确感受到了因要参加考试而带来的相当程度的不适感。Sarason 考试焦虑量表是目前国际上广泛使用的考试焦虑量表之一。TAS 的中文版由华南师范大学心理系的王才康于 1999 年译出，并投入使用。

Sarason 本人报告，TAS 有良好的信度和预测效度。Sarason 间隔几个星期测试，得到重测信度为 0.80。Sarason 还通过实验证明，高考试焦虑的个体在完成复杂认知任务时作业成绩较差，这些研究证明 TAS 有很好的预测效度，王才康研究发现，中文版的 TAS 也有良好的信度和效度。一星期间隔的重测信度为 0.60，内在一致性系数为 0.64。TAS 和另一考试焦虑量表 TAI 担心（W）和情绪性（E）的两个分量表的相关系数分别为 0.48 和 0.60，这表明 TAS 有较好的内容效度，他还发现 TAS 和状态-特质焦虑问卷（STAI）之状态焦虑（S-AI）的相关为 0.50；而 TAS 和一般自我效能感（GSES）的相关为 0.51。因此，可以认为 TAS 用于考试焦虑研究是合适的。

1.3 施测过程

调查以问卷的形式不记名填写，采用集体施测的方式对抽取的初三学生进行测量。施测过程严格按照心理测验的程序进行，采用统一指导语，统一答卷纸，统一发放，统一收回。

1.4 数据处理

将所有收回的数据输入电脑，采用SPSS11.5软件包对数据进行统计处理与分析。

2. 结　果

2.1　初三学生考试焦虑的总体情况

初三学生TAS总分平均数为17分，标准差为6.71。依据表1，发现本研究被试中有高度考试焦虑水平的（得分超过20）占总调查人数的34.5%，确实感受到了因要参加考试而带来的相当程度的不适感（得分超过15）的被试占到总调查人数的59.3%。

按照性别将所调查学生分类整理发现，男生群体考试焦虑状况的分布较为平均，焦虑的三个水平占到的比例分别为33.7 %、35.7%和30.6%，而女生群体中处于轻度焦虑水平的个体只占女生总体的23.8%，女生中度焦虑水平个体占女生群体的41.7%，高度焦虑水平占34.5%；男生群体里轻度焦虑的比重大于女生群体，中度和高度焦虑的比重小于女生群体；男生和女生群体中考试焦虑量表上得分超过15分的比例分别是54.6%和65.1%，都超该群体被试的半数，男生群体中的比重少与女生。

对不同成绩水平分类比较后发现，成绩优秀的初三学生中处于轻度焦虑的被试占到该组人数的57.1%，处在高度焦虑水平的被试只占该组人数的14.3%；成绩良好组在三个焦虑水平的分布较为平均；中等成绩组轻度焦虑人数比重最少，仅为该组人数的11.7%，而中度以及高度焦虑的人数的比重都较高，分别为46.6%和41.7%；合格组中被试分布为轻度焦虑占26.3%，中度焦虑占36.9%，高度焦虑占36.8%。成绩优秀组中只有36.1%的被试得分高于15分，成绩中等组得分高于15分的被试占该组的74.2%，而其余两组中高于15分的被试的比例分比为成绩良好组56.2%，合格组65.2%。

表1　初三学生考试焦虑状况（%）

		焦虑程度			
		轻度焦虑	中度焦虑	高度焦虑	高于15分
总　体		26.8	38.7	34.5	59.3
性别	男生	33.7	35.7	30.6	54.6
	女生	23.8	41.7	34.5	65.1
成绩水平	优秀	57.1	28.6	14.3	36.1
	良好	30.4	36.3	33.3	56.2
	中等	11.7	46.6	41.7	74.2
	合格	26.3	36.9	36.8	65.2

2.2　不同成绩水平初三学生考试焦虑水平比较

依据表2，将初三学生成绩分为优秀、良好、中等、较差四组，通过F检验发现考试焦虑得分在不同成绩水平组间存在极显著差异，$p < 0.01$。

表 2　不同成绩水平初三学生考试焦虑水平的比较

	成绩优秀	成绩良好	成绩中等	成绩较差	*F* 值	*P*
M	13.37	17.01	19.25	18.47	6.35	0.000
SD	5.79	6.60	6.47	7.17		

注：$^*p < 0.05$，$^{**}p < 0.01$。

进一步对数据进行多重比较后发现成绩优秀组与成绩良好、中等、合格三组在考试焦虑得分上存在显著差异，而其余三组之间的考试焦虑得分并未检验出显著差异（见表 3）。

表 3　不同成绩水平初三学生考试焦虑水平的多重比较（LSD 检验）

	成绩优秀	成绩良好	成绩中等	成绩合格
成绩优秀				
成绩良好	−3.64*			
成绩中等	−5.88*	−2.24		
成绩合格	−5.10*	−1.46	0.78	

注：$^*p < 0.05$，$^{**}p < 0.01$。

3. 讨　论

本研究发现初中生在面临升学考试时，都会产生不同程度上考试焦虑，这说明考试焦虑对于初三学生是一个普遍现象，同时研究表明个体之间的考试焦虑是有差异的，这是可能是因为 Sarason 把考试焦虑看成是一种特质，即哪些人比较容易因为考试而引起焦虑，而较少把考试焦虑看作和考试情景有关。研究还发现，在中考前一个月，有 34.5% 的被调查初三学生处于高度的焦虑状态，这一结果与何梅等人采用 TAS 对初中学生进行调查，发现的初中阶段有 32.1% 的学生存在高度焦虑的结论相近，同时被调查群体中有接近 6 成的个体明确体会到了由于考试带来的相当的不适感，这说明初三学生的中考考前焦虑是一个非常突出的问题，因此，针对中考这种大型考试，提供给个体一套行之有效的降低过高焦虑感的方法，并进行专门的考前个体以及团体心理辅导是必要的，且具有十分重要的意义。

本调查发现男生在中度以及高度考试焦虑两水平的人数分布都比女生少，同时，男生群体中 TAS 得分超过 15 分的个体比重也少于女生群体，但是在后来针对性别进行的 t 检验时发现男生群体与女生群体在考试焦虑水平上并没有显著的差异，这与薛亚萍的研究结论一致，认为性别不是影响个体产生考试焦虑的主要原因，这与最初“女生比男生考试焦虑状况严重”的假设不相吻合，研究认为，可能这种由考试引起的特质性焦虑，与个体对于考试事件的认知评价有关，其中包括考试难易程度、竞争的程度、自生学习水平、自我效能感等方面的评估，而这些方面在现实的教育过程中并不一定具有明显的性别差异。

另外，通过对不同成绩水平群体间的多重比较，发现只有成绩优秀的群体在考试焦虑方面与其他三个不同成绩水平群体有明显的差异，该群体面临中考时只有36.1%的个体会产生较为强烈的考试焦虑，而其余各组都有半数以上个体会产生源于中考的不适感，虽然在成绩中等与合格两组群体中有更多的个体考试焦虑达到中度和高度水平，但这两组与成绩良好群体间并没有体现出明显的考试焦虑水平区别。升学考试作为一种选拔性的考试，在个体没有足够把握能脱颖而出的情况下，这一重大事件带来强烈焦虑感是不可避免的。

4. 参考文献

[1] 杨俊，赵慧俐，郑晓华. 中学生考试焦虑问题[J]. 中国心理卫生杂志，1996，10（5）：220.

[2] 王才康. 考试焦虑量表在大学生中的测试报告[J]. 中国心理卫生杂志，2001，5（2）.

[3] 郑日昌. 心理测量[M]. 长沙：湖南教育出版社，1987.

[4] 何梅，黄高贵，曹蓉，倪金昌. 419名中小学生考试焦虑的调查分析[J]. 中国医药导报，2006，28（3）.

[5] 薛亚萍. 初中生考试焦虑状况与原因的调查[J]. 中国健康教育，2001，18（11）.

[6] 唐平，张涛. 中学生考试焦虑研究[J]. 中国健康心理学杂志，2005，13（2）.

[7] 汪小琴. 中学生考试焦虑心理成因分析及其辅导策略[J]. 江西教育学院学报（社科版），2001，22（5）.

第七章　能力心理实验

【内容提要】

在心理学中，能力被定义为个体顺利完成某种活动所必须具备的心理特征。对于能力的分类，不同的标准有不同的分类方式。根据能力表现的活动领域的不同，可将能力分为一般能力及特殊能力；根据认知活动对象的不同，可将能力分为认知能力及元认知能力；根据活动中创造性的大小，可将能力分为模仿能力及创造能力。不论是何种类型的能力，能力的测验与其他心理特征的测验本质的区别在于能力的测量有高低之分，而其他心理特征例如性格、气质则是不存在好坏之分的。本章内容呈现了不同类型的能力测定的实验操作过程及范式，并向读者介绍了实验的原理及目的，为读者更好地掌握与能力相关的实验和测评提供了帮助。

【学习重点】

1. 了解不同类型能力的发展特点。
2. 掌握影响能力实验的控制变量。
3. 掌握并能根据本章所提供的实验范式设计能力实验。

一、观察能力的测定

（一）背景知识

观察是有目的、有计划比较持久的知觉，个体通过知觉可以确定刺激物对于个体的意义。观察是认识过程的开端，同样也是智力结构的重要组成部分。有人曾对智力结构五大基本能力进行过形象的比喻：观察力是智力结构的眼睛，记忆力是智力结构的储存器，思维力是智力结构的中枢，想象力是智力结构的翅膀，实践能力是智力结构转化为物质力量的转换器，而观察和联想则是创造学的基本方法。任何联系实际的科学研究、任何创造都始于观察。

一个学生如果有较强的观察力，就能够在观察中通过比较、对比、想象、推理等思维方式对所呈现的事物从感性认识上升到理性认识从而促使创造力的诞生。事实证明，儿童的观察能力在一定程度上反映其智力的特征，从而说明培养儿童观察力也是开发儿童智力、发展儿童创造力的重要途径，研究儿童观察力的发展特点、水平也是极有意义的。

本实验将图画（被试的视觉）、语言（被试的听觉）作为自变量、儿童观察反映的效果作为因变量。因为实验材料的图画和实验指导语会直接影响儿童观察反映的效果（因变量），因此在编制实验试卷和实施方案中注意了以下原则，避免控制变量对实验结果的影响。

1．实验题内容充分反映观察过程中应有的心理品质

良好观察力的主要标志包括深刻理解观察目的任务、观察细致全面、不遗漏重要细节、能发现事物间的细微差别，有计划地进行观察，能迅速准确地抓住事物主要特征，观察中有创造，能在别人习以为常的现象中发现新问题，有较强的空间感知能力。实验中要求被试从大致相同的图形中发现细微差别，找出与众不同的图形或两个完全相同的图形，用以测验儿童能否控制自己的知觉服从任务，细致准确地观察。有的实验题图形间含有逻辑联系，有些题的图形需要立体透视。

2．实验题内容要符合儿童已有经验

因为观察是感觉图像和一定组织方式的结合，而组合方式则和观察者原有经验与知识有关。考虑到 6 ~ 12 岁年龄跨度大，大小年龄儿童的知识、经验差距甚远，故此分成两个年龄段分别编制实验卷，以 9 岁为衔接点。

3．实验题要能鉴别儿童观察力的等级和水平

编制的实验题既有一定难度，又有一定梯度，具有鉴别作用，特别要能鉴别超常儿童的观察能力，题目编排顺序由易到难。

4．要能调动儿童观察的积极性，乐于完成实验

编制的实验题内容多样，有图画、图形，卷面生动美观，形象生动。两套试卷中开头的实验题中个别实验题比较容易，便于吸引儿童观察的兴趣和坚持观察的信心。

需要说明的是，实验过程中必须严格控制无关变量。

为此，实验者编写了《儿童观察能力测验实施方案》，方案中指出了实验目的和内容、提出了测验基本要求，明确了实验方法，拟定了各个测验题的指导语，并规定了评分标准及水平等级划分标准。总之，对实验细节做了统一的详细的规定和安排。儿

童对指导语的理解程度直接关系到他怎样进行观察反映，所以力求指导语简单明确，无暗示性、无模棱两可，具有一定的激发性。实验方法按实施方案进行。

（二）实验目的

本实验对 6～12 岁儿童观察反映过程心理特点进行分析，对反映正误进行评定，获得各年龄段儿童观察力的水平。

（三）实验材料

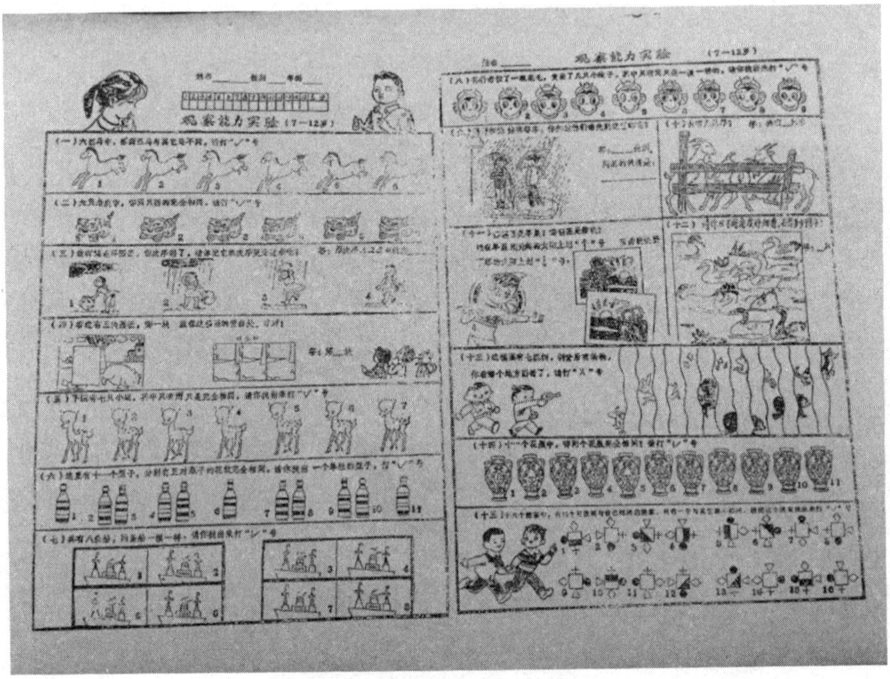

图 7-1　儿童观察力测试

（四）实验步骤

1．准备工作

（1）主试和记录人必须事先明确测验的各项要求、方法、测验记录、时限、评分标准等。

（2）指导语、答案与评分。

指导语：这一横行中有六匹马，其中有两匹与其他不同，请你找出并画“√”。答案：1 和 5 与其他不同。

指导语：这一横行中有六只老虎，其中有两只完全相同，请你找出并画“√”。答案：2与5相同。

指导语：这四幅连环画顺序不对，请你把它改正过来。答案：把1、2、3、4改为4、1、2、3。

指导语：右边有三块画板，哪一块拼放在这幅画的空白处才对？答案：第三块。

指导语：这一横行有七只小鹿，其中有两只完全相同，请你找出并画“√”。答案：2与5完全相同。

指导语：这里有十一个瓶子，有五对瓶子的花纹完全相同，只有一个瓶子与其他不同，请你找出并画“√”。答案：第9个瓶子。

指导语：这里有八条船，有两条一模一样，请你找出并画“√”。答案：1、8一样。

指导语：这里共有9只猴子，其中有两只一模一样的，请你找出来，在它上面画“√”。答案：3和8一模一样。

指导语：哥哥和妹妹在等车，你知道他们谁先到这里的，根据什么判断？答案：哥哥先到，哥哥脚下是干的。

指导语：请你仔细看一看，这里共有几只羊？答案：共有6只羊。

指导语：这两幅画，哪幅描绘的是早晨，哪幅描绘的是傍晚？请你在早晨刚升起太阳上画“√”在傍晚快要落山的太阳上画“○”。答案：上图是早晨，下图是傍晚。

指导语：请你看一看这里共有多少只鸭子？答案：共有12只。

指导语：这幅画中有七棵大树，树背后有动物，你看哪个动物画错了？请你找出来画“×”。答案：在第四个动物上画“×”

指导语：这十一个花瓶中有哪两个完全相同，请你把它们找出来并画“√”。答案：4与9完全同。

指导语：这十六个图案中，只有一个与其他不同，请你把这个图案找出来并画“√”。答案：第13个图案。

2．自变量与因变量

（1）自变量：学生观察能力（以选择的正误判断学生的观察能力）

（2）因变量：被试性别、年龄（可根据实验设计拟定）

（3）控制变量：会对实验造成影响，但实验设计中不需要的变量均系用控制或平衡的方式降低这些变量对实验结果的影响。

3．正式试验

（1）测试开始，要求儿童在试卷上填写学校、姓名、性别、年龄。然后主试按照各题中的说明进行讲解。试卷中的说明就是简要的指导语。主试读题时，可以根据儿童年龄特点与理解水平做必要的讲解，使被试听懂，但绝不能以任何方式暗示。测验过程中，儿童如探索性地提问，主试应说："请你自己想一想。"并且对被试的答案不要有褒贬神态。

（2）被试集体施测，时限为 40 分钟（除讲解时间）。集体测验时，当儿童完成任务后立即举手示意，主试记下他用了多少时间。为了不使被试疲劳，六七岁儿童可分两次进行测验，讲解亦分两次（中间休息 5 ~ 10 分钟）。

（3）为了对被试的观察过程进行分析，主试可在被试做完题后询问其观察的过程，六七岁被试儿童的观察情况由主试详细记录在记录纸上，可以指导 8 ~ 12 岁被试儿童自己填写。

（五）实验任务与要求

（1）测验对象选择城市一般学校和幼儿园的儿童，不在重点学校、重点班取样。

（2）各年龄组测验对象包括男女各半，成绩中等的学生占 50%，绩优生占 25%，后进生占 25%，智力存在缺陷的儿童不参加。被试年龄要求为周岁或加减三个月。

（3）测验在安静房间中进行，不要让其他人进入，如有人进入房内必须坐在被试后面，不能以任何言语或动作干扰测验。

（六）实验结果与整理

Ⅰ级：明确目的要求，能抓住事物的特点，独立地运用较有效的观察方法，准确、迅速地找出答案。

Ⅱ级：明确目的要求，能根据目的任务进行观察，结果正确，但方法机械，或多次尝试错误，或者不能全面回答问题。

Ⅲ级：基本上明确目的，但不善于根据目的任务找解决问题的关键，不能精细、有计划地持久观察，结果错误。

Ⅳ级：盲目无计划地观察、结果错误。

（七）思考题

（1）本实验中集体施测会给实验的操作带来哪些困难，你准备怎样克服？

（2）有哪些被试特点和环境特点需要作为无关变量加以控制？

（3）哪些方法可以帮助我们控制无关变量？

二、延迟满足能力的测量

（一）实验原理

延迟满足（Delay of Gratification）是一种甘愿为更有价值的长远结果而放弃即时满足的抉择取向，以及个体在等待期中展示的自我控制能力。作为儿童成功适应社会的核心能力之一，延迟满足能力可以有效预测儿童日后的学业表现和社会适应，甚至可以预测 40 年后个体的冲动控制能力。

延迟满足能力及其产生机制的性别差异问题一直是发展心理学研究者关注的重点。从 20 世纪 70 年代初，Mischel 一直从事这项工作的实验研究，其他心理学家以其研究范式为蓝本，不断扩展和应用其延迟满足的研究成果，提出了自己的研究范式。

1．延迟满足的基本研究范式——自我延迟满足范式（Self- Imposed Delay，SID）

自我延迟满足范式是延迟满足的基本研究范式，由 Mischel 设计并使用。其范式分为两个阶段：第一是延迟选择阶段。“延迟者”基于一个富有价值的长远目标而放弃当前的满足，此种选择取向与个体期望有关。第二是延迟维持阶段。“延迟者”需要维持他做出的延迟满足抉择，直至达成最终目标，该过程的完成与环境因素、个人认知及外在活动有关。延迟行为以目标为导向，从目标选择开始，经历有效的延迟维持过程，以获得最终延迟奖励目标而告终，反映的是个体在相互竞争的压力情境下（即两难选择中）的一种自我调控能力。

这种范式的一般程序是：首先，实验者与被试在实验室中做一些热身游戏，以便被试熟悉环境，能够在随后的实验中自然反应。然后，给被试出示两种被试喜好程度不同或同种数量不等的奖励物，让被试做出偏好选择（即延迟选择阶段）。随后告诉被试，他要出去办事，如果被试能等到他回来就将获得他所偏爱的奖赏；如果不想等待，可随时按铃请实验者回来，但这样只能得到他偏爱程度低的奖赏。确信被试理解规则后，实验者离开房间，通过单向玻璃观察、记录儿童的延迟时间和延迟等待的策略（延迟维持阶段）。

2．延迟满足的其他研究范式

Mischel 对延迟满足的研究都是采用 SID 范式，而目前大部分研究都是以这种范式为基础，虽在不同的研究中有不同的设计转化，但基本设计都是等待延迟时间的结束以获得所喜爱的奖赏，并在过程中观察儿童的活动以及度量延迟等待的时间。

延迟满足的 EID 范式（Externally Imposed Delay）。在现实生活中，儿童很少碰到两难任务（即小的奖赏可以立即得到，大的奖赏需要等待）。因此，延迟满足 SID 范式应用到现实生活中的情况并不多见，更多的是应父母以及他人的要求而延迟满足。

据此，Miller 等心理学家提出了延迟满足的 EID 范式，即儿童因外界要求而需要延迟满足。因为此种范式符合现实情况，因此得到了心理学家的广泛认可。

（二）实验目的

本实验选取处于延迟满足能力发展关键期的幼儿为被试，探讨幼儿延迟满足的能力。

（三）实验仪器和材料

儿童教室套间，分里外两间，外间是教室，里间是寝室，通过门连接；儿童桌椅一套；实物标识喜羊羊钟表一个；口哨两个；盛装奖励物的浅圆盘两个；电子秒表。

延迟满足任务奖励物分别盛装在两个圆盘里，一盘装有一颗奖励物（即时奖励物），一盘装有两颗奖励物（延迟奖励物）。

（四）实验步骤

（1）自变量与因变量。自变量：被试延迟满足能力（以被试坚持的时间作为延迟满足能力的指标）。因变量：被试性别、年龄（可根据实验设计拟定）。控制变量：会对实验造成影响，实验设计中不需要的变量均系用控制或平衡的方式降低其对实验结果的影响。

（2）将儿童带到里间寝室，呈现两盘 QQ 糖（一盘一颗，另一盘两颗）以及一个口哨。

（3）随后，主试对被试说："我离开一会儿就回来。如果你能等我回来，就可以得到这两颗糖。如果你不想等，就吹口哨，我会立刻回来，这样，你只能得到一颗糖。"为确定被试正确理解指导语，主试提三个问题："如果你能等我回来，可以得到哪盘糖？"；"如果不想等了，怎么办？"；"如果你不想等了，吹口哨把我叫回来，可以得到哪盘糖？"当被试能正确回答所有问题后，主试离开寝室，并开始计时。

（4）十分钟或听到被试吹口哨后，主试终止计时，回到寝室，给被试相应数量的 QQ 糖。被试的延迟满足时间即为延迟满足能力分数。

（五）实验任务与要求

1．确定刺激物

同时提供奶片、棒棒糖、QQ 糖、彩虹糖等多种刺激物，它们在颜色、味道、形状等特征上各不相同。以幼儿园某中班 30 名儿童为被试，通过简单偏好测验，最终选择 QQ 糖作为实验刺激物。

2．实验准备

首先对被试进行筛查，选出可以进入正式实验的被试。具体做法为：主试呈现两个装有 QQ 糖的圆盘，一盘装有一颗糖，另一盘装有两颗糖，问被试更想要哪一盘。将选择两颗糖的儿童选出，进行下一步实验。通过筛选的被试，在外间教室中进行小游戏，使其适应环境，信任主试，了解口哨的用途。

（六）实验结果与整理

被试能够等待的时间是实验的因变量，被试的年龄、性别是实验的自变量。实验开展的时间、环境、主试为实验的控制变量。

表 7-1　实验结果

班　级	延迟满足（秒）
大　班	
中　班	
小　班	

（七）思考题

（1）你还知道其他的自我延迟满足能力的实验范式吗？请详细叙述其他实验范式的流程。

（2）主试的选择对幼儿的延迟满足能力有怎样的影响？

三、认知方式测定

（一）实验原理

认知方式，是指个体在心理活动中所习惯采用的方式，主要是依靠外在参照还是依靠身体内在参照倾向。在实际生活中场依存性大小还涉及其他方面的差异。认知方式和认知能力是不同的，认知能力是由水平产生差异的，认知风格则没有。因此，场依存性大小不存在孰好孰劣的问题。最早致力认知方式的研究并在许多领域做出开拓性贡献的是美国心理学家威特金（Herman A. Witkin，1916—1979）。

棒框实验是用来测定场依存性和场独立性的方法之一，该实验是通过棒框仪在暗室中进行的实验，具体操作是通过调节棒框仪的棒和框的倾斜角度，让被试把棒调整到与水平面垂直。根据其调整时误差的大小，确定被试使用的参照是内在的还是外在的，从而确定被试认知方式是属于场依存性还是场独立性。前人的研究已经表明：(1)男性场独立性强者较多；(2)儿童场独立性随年龄的增长而有所提高；(3)一般来说，框的倾斜角在 18° 和 27° 时，棒与框的垂直误差较大。在本次实验中，对实验结果做 *T* 检验，发现男女生均无显著性差异，即无法验证男性场独立性强者多这个结论。但对数据进一步进行分析，可以部分验证框的倾斜角在接近于 18° 和 27° 时误差值较大。

20 世纪 30 年代，威特金在做空间定向和垂直知觉的经典实验研究时，发现了认知方式的场依存性—场独立性问题。他在身体顺应测验，框棒测验和转屋测验中对身体进行垂直定位时误差也较小；反之，被试在棒框测验中不能准确地将棒调到垂直状态，在身体顺应测验和转屋测验中对身体进行垂直定位时误差较大。这说明个体在许多活动中存在着对外部线索和身体内部线索依赖程度的一致性，在这一连续体的两端分别被称为场依存型和场独立型。后来威特金用镶嵌图形测验所作的实验结果表明，场依存性大者从复杂图形中发现简单图形困难较大，而场独立者则很容易发现。根据上述实验研究结果，威特金又提出“心理分化”概念。从前 3 种测验可以看出一个人把自己身体从周围环境中分化出来的能力，从镶嵌图形测验可以看出一个人把简单图形从复杂图形中分化出来的能力。这种分化具有普遍意义。因此，从垂直知觉和镶嵌图形测验中表现出来的不仅仅是认知方式，而且是一个具有普遍意义的人格特征。认知方式只是心理分化的一种表现方式而已。本实验的目的：(1) 通过棒框测验和镶嵌图形测验，了解被试认知方式的差异。(2) 检验两种测试结果相关程度，学习测量场依存性的方法。(3) 分析认知方式是否存在性别差异。(4) 了解不同的认知方式在实际生活中产生的作用。

(二) 实验目的

本实验目的是通过棒框测验和镶嵌图形测验，了解被试认知方式的差异，以及检测两种测试结果相关程度，学习测量场依存性的方法。

(三) 实验仪器和材料

BD-I-503 棒框仪，秒表，彩笔，镶嵌图形测验图形 3 套（第一套：简单图形 A-H 共 8 个；第二套：测验图形 1-7 号；第三套：测验图形 8-25 号）。

表 7-2 为本次实验被试的误差的度数和误差的方向原始记录表。

表 7-2　被试 1（××，女）的棒框实验的误差的度数和误差的方向记录表

方框的倾斜度								
方框的倾斜方向								
棒的倾斜度								
棒的倾斜方向								
误差的度数								
误差的方向								

（四）实验步骤

1．自变量与因变量

（1）自变量：被试认知方式。

（2）因变量：被试性别、年龄（可根据实验设计拟定）。

（3）控制变量：会对实验造成影响，但实验设计中不需要的变量均系用控制或平衡的方式降低这些变量对实验结果的影响。

2．棒框实验

（1）主试通过调节仪器底部的升降螺丝，将棒框仪调到水平状态，即将方框调到向左倾斜 17°，把框内的棒调到向右倾斜 20° 左右。

（2）让被试端坐好，放松，双眼紧贴观察窗，暗适应 2 ~ 5 分钟后开始测验。主试先向被试陈述指导语："这是一个调整小棒方向实验，你会看到里面有一个方框。框里有一个小棒，你调节旋钮，那根棒就会转。现在让你把那根棒调得与地面垂直。调好后眼睛就离开观察孔，不要再往里看，等待下一次实验。每次都是我说开始，你就往里开始看，并将那根棒调到与地面垂直的方向。"

（3）框按左、右、右、左的顺序倾斜 17°，棒的倾斜度是 20° 左右，倾斜方向按表的顺序排列。

（4）每次被试调好后，主试都要将误差的度数和误差的方向记入表中。不要将结果告诉被试。

3．镶嵌图形测验

（1）给被试彩笔，陈述指导语："现在请你做一个从复杂图形中找出一个简单图形的实验。这张纸上 8 个图形是简单图形，等实验开始的时候再给你复杂图形。每个复杂图形中都包含一个简单图形，要求你在每个复杂图形中找出一个简单图形（一定是 8 个中的 1 个），并且用笔把它描出来，可以随时对照简单图形找。第一次给你

的复杂图形有 7 个，给你 2 分钟的时间，要求你尽快地找和画。要听我的口令开始和停止。”

（2）主试把复杂图形的 1～7 号交给被试，喊“开始”的同时开动秒表，直到 2 分钟时喊“停止”，并将复杂图形收回。接着对被试说：“下面还有十几个复杂图形，要求你从每个复杂图形中找出一个指定的简单图形，在每个复杂图形的下面都写着要你找的简单图形的名称，找出后就用彩笔把它画出来。一共给你 9 分钟的时间。其余做法和上面做过的一样。”

（3）主试把复杂图形 8～25 号交给被试，直到 9 分钟时停止。

（五）实验结果与整理

1．每个被试棒框实验 8 次误差的平均数（见表 7-3）

表 7-3　棒框实验误差平均度数

被　试	被试调节棒框倾斜的误差度数的平均数（单位：度）
××	
××	
××	
××	
×××	
×××	
×××	

2．核对每个被试在镶嵌图形测验中画对的图形，并按以下标准计算分数

1～7 号做对 1 个得 1 分，满分 7 分。8、9、11、12、15、16、17、19、20、22、23 做对 1 个得 6 分，满分 66 分。10、13、14、18、21、24、25 做对 1 个得 7 分，满分 49 分（见表 7-4）。

表 7-4　镶嵌图形测验分数

	分值 1 分图形得分	分值 6 分图形得分	分值 7 分图形得分	总分
××				
××				
××				
××				
×××				
×××				
×××				

3．计算框棒实验误差度数和镶嵌图形测验分数的相关系数（见表 7-5）

表 7-5 斯皮尔曼等积相差的相关系数表

	棒框实验误差平均度数			镶嵌图形测验分数		
	相关系数	Sig.（单侧）	N	相关系数	Sig.（单侧）	N
棒框实验误差平均度数						
镶嵌图形测验分数						

注：通过上表可以得出结论：棒框实验误差平均度数和镶嵌图形测验分数之间存在负相关性，当棒框实验误差平均度数越高时，镶嵌图形测验分数就越低；当镶嵌图形测验分数越高时，棒框实验误差平均度数就越低。

（六）思考题

（1）试分析不同的认知方式与人格特征之间的关系。

（2）怎样避免疲劳效应对实验结果造成的影响？

四、字形字号对认知加工速度的影响

（一）实验原理

关于汉字识别的规律，已有研究存在两种观点：一是认为识别汉字首先要对笔画和部件等汉字字体特性进行分析，然后将分析的结果整合，从而识别整字。因此在汉字识别过程中就会存在笔画数和部件数等效应。二是认为识别汉字直接以整体为单元，强调字体知觉的整体性。更多的研究结果支持汉字加工的特征分析观点。但是，特征分析观点并不能解释汉字识别中的全部现象，如笔画、部件和字频之间的关系并没有完全清楚。因此，有人提出了汉字加工的平行假说，认为在每个单字的加工过程中存在着整字识别的加工和以笔画为单位的组合加工，它们共同分享着有限的注意资源。在本实验中，汉字的字体属性是不断变化的，即同一个汉字含有 7 种不同类型的字体，其中宋体、黑体和楷体是常见的字体。如果汉字的认知加工采取整体加工的方式进行，那么被试在接受不同字体时，虽然字体笔画数和部件数都没有发生变化，但汉字整体结构的外在物理形状已受到影响，因此，被试加工同一汉字的时间将会随之发生变化。尤其是新的字体，因为是不常见字体，所以加工速度受到的影响将更大。如果汉字的认知加工直接以特征分析的形式进行，那么人在加工信息时更多注意的是汉字的构成笔画和部件，因而字体的改变对加工的速度不会造成显著的影响。对不同字号的汉字进行认知加工存在类似的问题。如果汉字的加工采用特征分析的方式进行，那么在字号发生变化的情况下被试对汉字的反应仍旧是以汉字的局部特征为基础，因而反应时的变化应该不明显。如果采用整体加工的方式，当汉字的大小发生变化时，逐渐增大的字体将破坏汉字的整体识别性，因此被试的反应时间也将发生变化。

（二）实验目的

本实验考察被试在不同汉字双字词字体、字号和词性特征发生变化时被试的汉字加工速度，比较这些特征对被试加工速度的影响，以期在现有条件下发现加工效率最好的汉字字体，并进一步探讨汉字的认知加工规律。

（三）实验仪器与材料

实验采用的100个双字词选自《现代汉语常用字表》（国家语言文字工作委员会汉字处编，语文出版社出版）中的高频常用字。其中，近义词和反义词各50个，按反习惯组合，如“远—近”是习惯用语，而“近—远”是违反习惯的；“眠—睡”属于近义词，“近—远”属于反义词。借此来保证被试在做不同任务判断时心理负荷的均衡性，防止已有习惯对反应时的影响。

214仪器实验通过自编的Visual Basic控制程序，采用API函数记录反应时，在Windows XP操作系统上完成。

（四）实验步骤

（1）自变量与因变量。自变量：被试字形字号对认知加工速度。因变量：被试性别、年龄（可根据实验设计拟定）。控制变量：会对实验造成影响，但实验设计中不需要的变量均采用控制或平衡的方式降低其对实验结果的影响。

（2）采用2×7×3的混合实验设计，其中词性（或任务类型：近义词与反义词判断）和字体（宋体、正楷、行楷、隶书、魏碑、黑体、彩云）为被试内设计，字号（24号、36号、48号）为被试间设计。经计算，三种不同字号在距离眼睛50厘米时，在视网膜上的成像相当于五号、四号和三号字在距离眼睛30厘米时的成像。

（3）首先请被试坐在距离计算机显示屏50厘米的位置，呈现指导语，要求被试注视屏幕中央（用“+”加以提示）；然后在注视点处随机呈现一对汉字，要求被试尽快判断它们是近义词还是反义词。近义词按P键反应，反义词按Q键反应。在正式实验之前用不同的材料进行练习。

（五）实验结果与整理

（1）字体、词性和字号对汉字判断反应时的影响，三因素混合实验方差分析。

（2）字体、词性和字号对汉字判断正确率的影响，方差分析。

（六）讨　论

（1）有哪些影响个体认知加工速度的因素需要在以上试验中作为无关变量加以控制？

（2）该实验选择混合实验设计的作用是什么？

五、短时记忆再认实验

（一）实验原理

短时记忆是瞬时记忆向长时记忆过渡的中间阶段，一般信息保持的时间为 5 s～2 min。20 世纪 50 年代，彼得森（Perterson）等人用无意义音节为材料对短时记忆的容量进行了研究。为了避免在刺激呈现与回忆中间的时间间隔内被试复习学过的实验材料，通常在呈现和回忆之间加入数学计算题或其他的干扰任务。结果发现，中间延迟的时间越长，被试回忆的刺激数目就越少。彼得森等人的实验可以证明，短时记忆的内容只有经过不断学习才能够被保存下来，并转入长时记忆。

短时记忆的信息提取是将短时记忆中的项目回忆出来，或者当该项目再度呈现时能够正确再认。斯腾伯格（Sternberg）最早对这个问题进行了研究，即著名的短时记忆信息提取实验。这个实验主要验证关于短时记忆信息加工模式的问题，即短时记忆信息提取是系列扫描的，还是并行扫描的。虽然结论有一定的争议，但它的意义是开创性的，推动了短时记忆信息加工模式的研究。斯腾伯格（Sternberg）根据这个实验发展出了一个新的反应时间实验法——加因素法。其假设是：如果两个因素是相互制约的，则它们是作用于信息加工的同一阶段；如果两个因素的效应是独立可加的，则它们是作用于信息加工的不同阶段。

米勒（G. A. Miller）等人的研究发现，人的短时记忆的容量是十分有限的。一般短时记忆的容量为 7±2 个组块。组块的单位可以是字母、数字、词、句子、图片等记忆单元。

研究短时记忆，可以使用的方法包括序列重建法、自由回忆法、再认法、重学法（节省法）和提示法等。采用的方法不同，保持量的计算方法也有所不同。

（二）实验目的

本次实验的目的是让被试学会记忆实验的再认方法，比较三种材料（具体图片、抽象图片、词）的短时记忆效果。各被试根据实验的指导语，对新旧两套图片进行再认，根据实验所得数据计算出各个被试的再认正确率。记忆是一个较为复杂的认识系统，再认被认为是评价记忆巩固水平的重要指标，此次实验结果根据不同被试对不同材料的反应，比较三种材料的不同效果，分析说明其差异的原因，并且分析被试的短时记忆能力。

（三）实验仪器与材料

EP2004 型心理实验台及 EPT801 速视仪，具体图片卡片 20 张，抽象图形卡片 20 张，词卡片 20 张。

（四）实验步骤

1. 自变量与因变量

（1）自变量：短时记忆。

（2）因变量：被试性别、年龄（可根据实验设计拟定）。

（3）控制变量：会对实验造成影响，但实验设计中不需要的变量均系用控制或平衡的方式降低其对实验结果的影响。

2. 实验研究的控制变量

影响短时记忆保持量（短时记忆广度）的因素，可以概括为以下几个主要方面：

（1）实验材料（组块）的长度。以往的一些研究表明，组块作为一个记忆单元，其长度对短时记忆保持量没有直接影响。但是，当组块没有意义或与记忆者的经验没有关联时，组块的长度就会对短时记忆的保持量，即广度产生一定的影响。

（2）实验材料的性质。不同的实验材料，如字母、数字、词、句子、图片等，对短时记忆的保持量也会产生一定的影响。

（3）回忆方法。采用的回忆方法不同，测得的短时记忆保持量也可能会有所不同，一般来说，再认法要比回忆法的回忆效果好，自由回忆法要比序列重建法的回忆效果好。

（4）延迟回忆的时间。一般延迟回忆的效果要比即时回忆的效果差，回忆延迟的时间越长，能回忆的刺激数就越少。

（5）记忆者的身心状态。如情绪因素、健康因素、疲劳等对短时记忆保持量都会有一定的影响。

3. 实验设计与实验程序

（1）主试把 20 张具体图形插入塑料卡，先挑出标“旧”的卡片随机排列好，将主机与附机连接好，打开电源，按“运行/待机”键。

（2）主试根据屏幕内容设置 A 视场（2 秒），间隔（10 秒），测试次数（10），把第 1 张“旧”卡片插入 A 视场，按“确定”键，绿色指示灯亮，提示被试开始实验。（注意：当屏幕上箭头对着间隔时，主试按顺序换卡片，共 10 张）

（3）被试见到绿色指示灯亮后，手指放在速视仪确定键上，眼睛靠近观察窗口，按“确定”键开始实验，被试认真看，努力记，不做任何反应，直至机器鸣响，测试暂停，被试仍坐原位，等待实验开始。

（4）主试将看过的具体图形卡片和未看过的卡片混合，并按编号排列；选择再做一次，再次设置 A 视场（2 秒），间隔（10 秒），测试次数（20），按“确定”键，绿色指示灯亮，提示实验开始，主试按顺序换卡片，共 20 张。

（5）被试看见绿色指示灯后，按“确定”键，测试开始，被试根据图形反应做记录，见过的“旧”记作“+”，未见过的“新”记作“-”，直至机器鸣响，实验结束。主试根据卡片报出标准答案，由被试进行正误对照。

（6）主试选择再做一次，用上述 1 ~ 5 相同步骤测试抽象卡片和词卡片。

（7）该被试做完实验后，主试选择更换被试重做一次。

（五）实验结果与整理

两位被试对三种材料的记忆保持量：

$$保持量=\frac{认对数目-认错数目}{原识记数目(旧)+新识记数目}\times 100\%$$

值得一提的是，“认对”指对旧图片反应为旧，对新图片反应为新；“认错”指对旧图片反应为新，对新图片反应为旧。

表 7-6　实验结果记录表

保持量 \ 被试	（1）	（2）	（3）
具体图形			
抽象图形			
词			

（六）讨　论

（1）为何许多心理学研究者认为“再认”是比“自由回忆”对记忆的测量更重要的一种测量方式？

（2）若要完成该实验，请呈现你的实验设计。

六、能力心理实验报告示例

情绪对创造力影响的心理实验结果的分析与应用

1. 背景知识

创造力（Creativity Ingenuity）是根据一定目的，应用一切已知信息，产生某种新颖独特、有社会或个人价值产品的智力品质。它受很多非智力因素的影响，情绪就是其中之一。情绪是指人对待认知内容的特殊态度，它包含情绪体验、情绪行为、情绪唤醒和对情绪刺激的认知等复杂成分。19 世纪至 20 世纪 70 年代，龙勃罗梭（Cesare Lombroso）首先对情绪、心理健康与创造力之间的关系做了系统的研究。他通过对天才的研究发现，天才由于过度敏感而导致情绪极不稳定，因此他们中的很多人患有忧郁症和酒精依赖症，成为自大狂等。但后来埃利斯（Albert Ellis）等人对创造型天才的大规模研究都没有支持龙勃罗梭（Cesare Lombroso）的结论。除了龙氏外，巴博克研究了天才的遗传因素，发现一些天才的情绪极不稳定，常常走极端。投射检验也显示：很多艺术家（不包括作家）都患有焦虑症、神经症，情绪极不稳定。可见心理分析学家通过对艺术家临床研究的结果发现，情绪纷扰和创造力之间有密切联系，并认为创造是解决情绪问题的一种方法。

情绪对创造力的影响，是近年来创造力研究中颇受学者关注的一个主题。情绪对创造力的影响在创造性人物的传记中早有描述，对情绪与创造力关系的实验研究却始于 20 世纪 80 年代。当前，国外研究主要从两个维度来划分情绪状态：效价（积极或者消极）和激活水平（兴奋或者抑制），并分别从这两个维度评价情绪与创造力的关系。

众多研究提出积极情绪有助于创造力。主要研究成果包括：伊森（Isen）等人的实验研究发现，在执行概念分类任务时，实验干预所诱发的积极情绪促使被试产生更多的概念类别，并对中性词汇产生更丰富的联想；个体在积极情绪中比在中性情绪中表现出更高的创造力，解决问题的效率更高，决策也更全面。阿玛拜尔（Amabile）等人在 2010 年的研究论文中指出，内部动机是影响创造力的重要前因，在内部动机驱使下个体感受到工作本身的兴趣、愉悦、满意和挑战，这种感受有助于创造力。该研究间接地说明积极情绪有助于个体创造力。卢家楣等通过教学现场实验研究了情绪状态对学生创造性的影响。结果表明，相比处于难过情绪状态中的学生，处于愉快情绪状态中的学生的思维流畅性和变通性水平显著提高。胡卫平等人对 209 名初中生进行了 2 个混合实验研究，发现高兴等积极情绪对学生提出创造性科学问题的能力具有显著的促进作用（以思维流畅性和灵活性特征为指标），而且这一关系受实验任务的类型调节，在开放式实验任务中关系更紧密。

在消极情绪影响创造力的众多研究中，包括对考夫曼（Kaufmann）相同实验任务的重复研究，考夫曼（Kaufmann）等人针对情绪对创造性问题解决的影响，开展了2个研究实验。实验1在任务进行之前使用形容词列表方式对被试的情绪现状进行了前测，实验任务分为创造性问题（顿悟性问题）和分析性问题。实验发现积极情绪不利于创造性问题的解决，但分析性问题的解决与情绪无关。在实验2中，研究人员首先对被试的情绪进行操纵，然后再使用实验1中的情绪形容词列表让被试对情绪进行自评。研究结果将情绪分为积极、消极与中性3类，结果发现，在创造性问题解决方面的表现，积极情绪状况下被试表现最差，中性情绪状况下表现次之，当被试处于消极情绪下表现最好。由此，考夫曼（Kaufmann）等人认为，情绪对创造力的影响依赖于问题解决的阶段、情景，问题的广度与深度以及解决问题时的策略等各种因素。在随后的研究中，考夫曼（Kaufmann）等将任务解决阶段作为调节变量引入研究实验设计。68位被试分为积极情绪组、消极情绪组以及控制组。实验人员通过放映电影片段掌控情绪，实验任务是“制定4个创意方案”，每类任务限时4分钟。研究结果表明，在创意方案制定的前期，积极情绪有助于提高创意的数量，但是在创意方案制定的后期，积极情绪组的成员在创造力表现方面不如消极情绪组与控制组。最终主要结论为：消极情绪有助于创造力；消极情绪对创造力没有影响。

2. 实验目的

关于“情绪对创造力的影响”，国内外虽有不少研究，但在学术界仍没有形成共识，甚至还存在着完全相反的研究结论。所以本实验将继续前人的研究，对情绪与创造力的关系进行研究验证。本实验提出三种假设：（1）情绪对创造力有影响。（2）情绪对创造力没有影响。（3）情绪对创造力产生影响，且积极情绪促进程度比消极情绪大，或消极情绪促进程度比积极情绪大。

3. 实验材料

3.1 被 试

90名19~23岁在校大学生，身体健康，视力或矫正视力正常，没有神经系统类疾病。

3.2 仪器和材料

多台电脑；三段诱导情绪视频（各9分钟左右），例如启动积极情绪的《东成西就》（片段），启动消极情绪的《黄石的孩子》（片段），启动中性情绪的《帝企鹅日记》（注：诱导视频借鉴李芳、朱昭红、白学军所做的高兴和悲伤电影片段诱发情绪的有效性和时间进程所用的视频）；自制情绪自评量表；创造力测试图片。

3.3 实验设计

本实验采用单因素被试间设计，自变量为情绪状态类型，有两个水平：积极情绪、消极情绪（其中中性情绪为对照组）；因变量为创造力水平。

4. 实验步骤

实验开始以积极情绪组（A组）为例，要求被试先填写一个情绪自评量表；随后给被试观看剪辑视频《东成西就》（片段）；视频看完后，再次要求被试填写先前相同情绪自评量表；最后要求被试根据所呈现图片写出想到的东西，分条陈述，限时十分钟，要求尽量多写。其他两组按同样的方法进行实验，中性情绪为B组，消极情绪为C组，每组30人。

数据收集完后，三位主试按评分标准分别对所有被试所做答案进行评分，每份答案的最终总平均得分将作为该被试的创造力水平分数。

（评分标准为：总分10分，先看内容的质量确定总分范围，若只是描述图片，总分在1~4分，内容新奇7~10分，介于两者之间4~7分；再看数量，基于以上的总分范围，条数越多（若内容相似则为一条）分数相应增多。）

5. 实验结果

表1　创造力评分标准一致性检验

组　别	N	K	W
积极情绪组			0.783
中性情绪组	30	3	0.82
消极情绪组			0.853

注：中性和消极情绪组W > 0.8，标准一致，积极情绪W接近0.8，较为一致。

表2　情绪启动有效性检验

	前测情绪平均值	后测情绪平均值	t	df	p
A	5.87	7.50	− 7.718	29	0
B	6.27	6.46	− 0.897	29	0.377
C	6.17	2.77	9.778	29	0

表3　情绪启动前后显著性检验

情绪组别		均值差		p	
		前	后	前	后
A	B	− 0.400	1.067	0.273	0.004
	C	− 0.300	4.733	0.410	0.000
B	A	0.400	− 1.067	0.273	0.004
	C	0.100	3.667	0.783	0.000
C	A	0.300	− 4.733	0.410	0.000
	B	− 0.100	-3.667	0.783	0.000

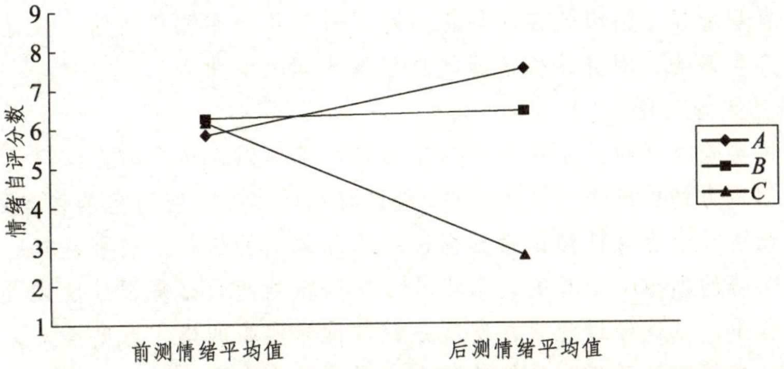

图 1　观看视频材料前后的情绪自评得分

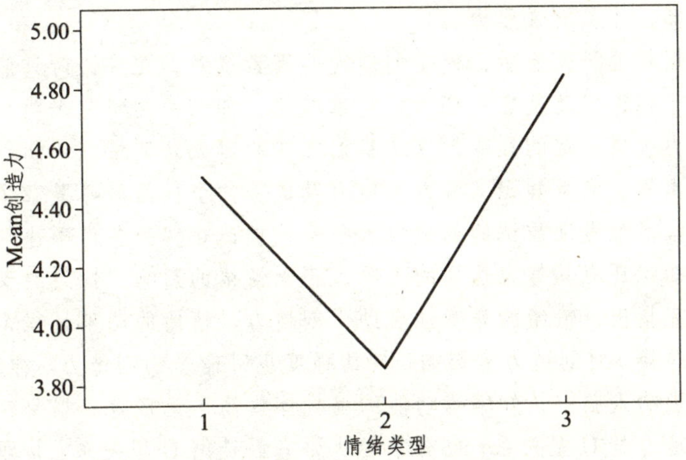

图 2　不同情绪状态下的创造力水平

表 4　不同情绪对创造力水平的差异

情绪种类		平均差	*p*
A	B	0.649	0.046
	C	−0.333	0.302
B	A	−0.649	0.046
	C	−0.982	0.003
C	A	0.333	0.302
	B	0.982	0.003

从表 1 可以看出，该实验所测量的创造力水平具有说服力，三个评分标准较为一致；从表 2、表 3 和图 1 可以看出：该实验的情绪诱导是有效的，而且情绪诱导前后较为显著（$p < 0.05$），说明实验是在预期的控制环境中进行的；根据表 4 数据和图 2 显示情绪对创造力的影响显著（$p < 0.05$），积极与消极情绪均能对创造力产生促进作

用，图 2 能直观地显示消极情绪对创造力的促进作用大于积极情绪。验证了假设 3 情绪对创造力产生影响，而且消极情绪促进程度比积极情绪大。

6. 实验结果与讨论

首先，该实验虽然验证了相应的预期假设，情绪对创造力有影响，而且相比之下消极情绪对创造力的促进作用更大。但实验过程中的一些不可避免的误差还是存在的：该实验的视频诱导很容易让被试猜到主试在诱导他们的情绪，有可能有些被试的情绪是在他们对实验的期望下填写的，很难考证实验得到的数据是否是被试当时真正的情绪；实验过程中，主试经过观察，发现一些被试对实验的操作态度不太认真，数据的有效性存疑；根据统计分析，虽然三位主试对创造力水平的评分有一致性标准，但主试还是在评分时不可避免地存在期望效应。最大限度地减小这些误差，实验得到的结果，其信度才高，才具有说服力。

其次，根据相关研究显示，影响创造力的因素很多，在实验时只能最大限度地排除其他因素的干扰，但还是有一些干扰很难避免。如相关的研究表明，情绪的唤醒度对个体的创造力也有一定的影响，这是我们在实验时无法测量到的；创造力是人特有的一种综合性本领，它是知识、智力、能力及优良的个性品质等复杂多因素综合优化构成的。该实验很难考证被试的创造力水平是该被试在实验条件下达到的，还是被试自身所掌握的知识还有其智力达到的水平，不受情绪的影响；情绪的变化也会影响创造力。相关研究指出，情绪的易变性有助于创造力、情绪的调整过程（消极情绪与积极情绪之间的转换）对创造力有影响。情绪强度也可能影响创造力。神经心理学认为，情绪强度通过影响人脑中认知编码功能的扁桃体提高了记忆力。据此，有学者认为，情绪强度与创造力是 U 型关系；也有学者认为它们是倒 U 型关系，其理论解释是情绪强度带来的不同的心理唤醒状态影响了认知资源，过高或过低的情绪强度都占用认知资源，不利于创造力。

最后，情绪是具有丰富内涵特征的变量，目前的实验研究多关注认知路径，对动机路径的关注较为薄弱。然而，情绪是形成动机的要素。情绪的动机分化理论明确提出情绪的动机作用，即源自生理需要的动机以及满足心理需要的内在动机都与情绪有内在联系。情绪反应在决定内驱力是否能成为现实的动机力量上起着关键的作用，情绪放大了内驱力信号，而且它本身就是一种基本的动机系统，情绪是比内驱力更强有力的驱策因素。情绪是当前创造力研究中非常关注的内在动机的 3 种构成要素之一，刺激和认知因素产生的生理激活要结合情绪因素才能构成行为的动因，所以情绪影响创造力的动机路径的内涵是丰富的。

7. 参考文献

[1] 张连云. 3~6 岁超常与常态儿童感知观察力的比较研究[J]. 心理学报，1987（2）.

[2] 黄丽容. 幼儿观察方法训练的实验研究[J]. 学前教育研究，1999（3）.

[3] 于松梅，金红. 两种延迟满足实验研究范式的分歧与整合[J]. 辽宁师范大学学报（社会科学版），2003（4）.

[4] 陈会昌，李苗，王莉. 延迟满足情境中2岁儿童对行为的自我控制能力和延迟策略的使用[J]. 心理发展与教育，2002（01）.
[5] 幸银盈，胡兴旺. 情绪类型与延迟满足关系的实验研究[J]. 乐山师范学院学报. 2013（05）.
[6] 明志强. 情绪性质及其强度对不同类型风险决策的影响[D]. 济南：山东师范大学，2011.
[7] 王亚男. 压力情境下创意自我效能感与创造力的关系[D]. 济南：山东师范大学，2009.
[8] 幸银盈. 情绪调节策略与延迟满足关系的实验研究[J]. 乐山师范学院学报，2013（3）.

第八章　人格与行为实验

【内容提要】

人格（Personality）源自古希腊文“面具”（Persona），指演员在舞台上演戏扮演角色时所戴的面具。现代心理学认为“人格是认知情感和行为的复杂系统组织，它赋予个人生活的倾向和模式（一致性），像身体一样，人格包含结构和过程，并且反映天性和教养，另外，人格包括过去的影响及对现在和未来的建构，过去的影响中包含过去的记忆”。人格是由先天的遗传素质与后天的经验交互作用最终形成的，其具有独特性、稳定性、统合性、功能性四大特点。现代心理学认为，人格与许多心理概念有着密切的联系，如心理健康水平、能力特点以及个体行为特征等，也是众多心理状态的重要影响因素。在发展过程中人格心理学也在不断前进，在回答“稳定还是可变？”“结果还是过程？”“描述还是解释？”以及“人格的结构与维度问题”上都有了巨大的发展。在人格理论的发展中，与理论配套的测评工具不断出现，其在能力筛查、人力评估等领域发挥着重要的作用。本章将介绍经典的人格和行为理论以及其在生活和工作中的应用。

【学习重点】

1. 了解人格及其相关概念。
2. 掌握重要的人格理论。
3. 在人格理论的基础上，掌握不同理论框架下的人格评估方法，并能够在心理健康、工作领域加以运用。
4. 了解个体人格特征与其行为之间的关系。
5. 了解评估个体行为特征的相关概念和理论。
6. 掌握个体行为评估的相关方法，能够在心理健康、工作领域加以运用。

一、场依存性和场独立性实验

(一)背景知识

场独立性(Field Independence)和场依存性(Field Dependence)这两个概念源自美国心理学家 H. A. 威特金(H. A. Witkin)对知觉的研究。威特金等人在研究知觉时发现，有些人很难从视野中离析出知觉单元，但有些人则很容易从视野中离析出知觉单元。他根据场的理论(人们受到各自认知生活空间的影响)，将人划分为场依存性和场独立性两种类型。场依存性的人和场独立性的人是按照两种对立的信息加工方式工作的，场依存性的人倾向于以外在参照(客观事物)作为信息加工的依据；场独立性的人倾向于更多地利用内在参照(主体感觉)。常用的评定场依存性和场独立性的测验有以下三种。

1. 身体顺应测验

场独立性的人，在调整身体时，主要不考虑屋子的位置，更多地以从身体内部获得的经验作为参照；场依存性的人，往往调整身体以与斜屋看齐，即他在确定身体位置时，以环境作为主要参照物。

2. 棒框测验

棒框实验是美国著名的心理学家威特金和阿奇合作进行的研究认知方式的场依存性和场独立性的经典实验。测验时，被试坐在暗室内，面前放着一个可以调节倾斜度的亮框，框中心装有一个能够转动度数的亮棒，要求被试把亮棒调到垂直。结果表明，场依存性的人，倾向于外在参照，他们根据框主轴来判断垂直；场独立性的人，倾向于更多地利用内在参照，他们往往利用感觉到的身体位置，把棒调成接近于垂直。

3. 镶嵌图形测验

简单图形暗含在复杂图形中，要求被试把简单图形分离出来，这需要重新组织材料的能力。场独立性的人比场依存性的人容易分离出简单图形。

(二)实验目的

(1)了解认知风格的实验操作。
(2)通过棒框仪测试被试的场依存—场独立性。

(三)被 试

主试与被试均为心理学专业本科生。

（四）材料和仪器

EP705 棒框仪。

（五）程序

房间量度适中。将棒框仪放在台上，调节好高度，使观察筒与被试眼部高度适合。被试坐好后，主试给出指导语："这是一个测试认知风格的实验，实验过程中，当我确定下一个框的角度后，我会先改变棒的起始角度。请你注意看框和棒，头部保持正直，同时调节棒的角度，使之与地面垂直，时间不限，当你认为棒已调至垂直时就报告我，直至做完。"

主试改变框的倾斜角度（记录纸上已经标出），值得一提的是，框的倾斜角度不应按顺序改变，而应随机。如先做 9°，再做 27°，最后做 12°，以此类推，直至做完记录表上所有框的度数。主试每设定好一个框角度，被试必须连续做 8 次，每次主试都要先改变棒的起始位置（按 ABBA 方法，记录表上已标出左右），棒的起始位置每次随机。让被试按顺时针或逆时针方向调节棒的角度，使之与地面垂直。记录的误差结果不计正负，取 8 次的平均数。

被试靠近观察筒向里观察，不能有距离，以免看到其他的参照物。右手握旋钮，调节棒的角度，使之与地面垂直，调试好后告诉主试。正式实验前，可以练习 1 ~ 2 次。

（六）统计分析

分别计算每个被试棒框实验 8 次误差的平均数，误差越小代表场独立性越强；反之，场依存性越强。

（七）分析和讨论

（1）哪些因素可能影响实验效果？
（2）场依存—场独立性在日常生活学习中的体现是什么？

二、智力测量

（一）背景知识

智力是指人的大脑理解社会、进行日常生活能力的复杂程度。智力的测量主要通过智力量表来完成。早期编制的智力测验多采取个人测验的形式。这是单独评估心智功能的最好方法。目前国际上常用的个人智力测验主要有以下几种。

1．斯坦福-比奈智力量表

斯坦福-比奈智力量表是美国斯坦福大学 L. M. 特曼（1916）对比奈-西蒙量表所做的修订版，该量表进一步发展和完善了比奈以智龄评定智力的方法。1937 年，发表了第二个修订本，其中有两套等值的测验，即 L 型和 M 型。1960 年，在第三次修订中又将两个等值测验合并成一套，称“L-M”。该量表将以前的比率智商换成了以均数为 100，标准差为 16 的离差智商，1972 年发表修订后的常模。1924 年，我国心理学家陆志韦对比奈-西蒙智力量表和斯坦福－比奈智力量表进行了修订，命名“中国比内—西蒙智力测验”，适用于江浙一带。1936 年，陆志韦和吴天敏教授对中国比内－西蒙智力测验进行了第二次修订，使其适用于北方。1979 年，吴天敏主持第三次修订，1982 年完成《中国比奈测验》。

2．韦克斯勒智力量表

由美国心理学家 D. 韦克斯勒制定。为了更真实地反应一个人的智力情况，韦克斯勒编制了若干套智力量表。韦氏成人智力量表（Wechsler Adult Intelligence Scale，WAIS，1955），适用于 16 岁以上的成人；韦氏儿童智力量表（Wechsler Intelligence Scale for Children，WISC，1949），适用于 6 到 16 岁儿童；韦氏学前儿童智力量表（Wechsler Preschool and Primary Scale of Intelligence，WPPSI，1963），适用于 4 到 6 岁半。

3．瑞文标准智力测验

瑞文标准智力测验是英国心理学家瑞文于 1938 年设计的非文字智力测验。现在世界各地广泛使用，有着理论意义和实用价值。该测验旨在测试人的一般智力水平，尤其可以测量人的解决问题的能力、观察力、思维能力、发现和利用自己所需的信息及适应社会生活的能力。它的主要特点是适用年龄范围广，测验对象不受文化、种族、语言的限制。测验既可以个别进行，也可以团体实施，结果解释直观简单，测验具有较高的信度和效度。瑞文测验的编制者曾于 1947 年、1956 年对瑞文推理测验做过小规模修订，1947 年又编制出适合小年龄儿童和智力落后者的彩色推理测验，同时还编制了适合高智商者的高级推理测验。1985 年，我国学者张厚粲等人对该测验进行了修订，建立了中国常模。

本实验采用的自评量表为瑞文标准推理测验（Raven's Standard Progressive Matrices 简称 SPM）测验既可以个别进行，也可以团体实施。

（二）实验目的

（1）了解智力测验的使用过程。
（2）掌握瑞文智力测验的评估流程。

（三）被　试

被试均为心理学专业本科生。

（四）材料和仪器

瑞文标准推理测验（张厚粲教授于 1985 年修订后的中国城市版）。SPM 包括 60 道题，分为 A、B、C、D、E 共 5 组，每组 12 道题。A、B、C、D、E 这 5 组题目难度逐步增加，每组内部题目也由易到难排列，所用解题思路一致，而各组之间有差异。

（五）程　序

拿到纸质版瑞文标准推理测验后，首先阅读指导语“以下每道题都有一定的主题，但是每张大的主题图中都缺少一部分，主题图以下有 6 ~ 8 张小图片，若填补在主题图的缺失部分，可以使整个图案合理与完整，请从每题下面所给出的小图片中找出适合大图案的一张。”然后完成测试。

（六）统计分析

记分时对照标准答案表，每答对一题记一分，测验 A、B、C、D、E 各列先分别记分，满分各为 12。五项分数之和即测验总分，满分为 60。被试所得分数即他答对的题目总分。由于被试所得总分为原始分，即绝对分数。

从原始分数无法了解被试与他人相比的相对水平，需将他们的原始分数换算成标准分数。确定每一被试的实际年龄，即测验日期减去出生日期，得到实龄。要求精确到年、月、日。根据被试的实际年龄，找出他所属的年龄组。根据原始分转换标准分，标准分以百分等级表示，可以查表求得。根据标准分数对被试智力水平做出评价。

（七）分析和讨论

（1）如何看待图形智力测验的结果？

（2）将原始分转换为标准分有什么意义？

三、气质心理测验

（一）背景知识

气质是指人典型的、稳定的心理特点，包括心理活动的速度（如语言、感知及思维的速度等)、强度(如情绪体验的强弱、意志的强弱等)、稳定性(如注意力集中时间的长短等)和指向性(如内向性、外向性),属于人的性格特征之一。早期的气质理论有体型说、激素理论、体液说和神经活动类型说,其中以盖伦继承和发展古希腊名医希波克拉底的体液说形成的四种气质理论和巴普洛夫的高级神经功能理论最著名。气质类型通常分为多血质、胆汁质、黏液质、抑郁质四种。巴甫洛夫关于高级神经活动类型的研究为四种气质类型的划分提供生理学根据。气质类型的测定方法主要有观察法、条件反射法、心理实验法和心理量表法等。其中自陈量表法是测定气质类型较为简便的方法,主要有波兰心理学家简·斯特里劳编制的《斯特里劳气质调查表(STI)》、美国心理学家瑟斯顿编制的《瑟斯顿气质量表》和我国山西省教科所张拓基、陈会昌编制的《气质类型调查表》等。

本实验采用的自评量表为《气质类型调查表》,共 60 个项目,每种基本气质类型各 15 题,按随机顺序排列。采用自陈法,要求被试按指导语的要求回答问题。

(二)实验目的

(1)了解气质的评估手段。
(2)掌握气质类型调查的评估流程。

(三)被　试

被试均为心理学专业本科生。

(四)材料和仪器

气质类型调查表(纸质版)。

(五)程　序

被试拿到纸质版气质类型调查表后,首先阅读指导语"本测验共有 60 个问题,只要你能根据自己的实际行为表现如实回答,就能帮助你确定自己的气质类型,但必须做到:(1)回答时请不要猜测题目内容要求,即不要考虑应该怎样,而只回答你平时怎样,因为题目答案本身无所谓正确与错误。(2)回答要迅速,不要在某道题目上花过多时间。(3)每一题都必须回答,不能有空题。"

很符合自己情况的,记 2 分,较符合自己情况的,记 1 分,介于符合与不符合之间的,记 0 分。较不符合自己情况的,记 –1 分,完全不符合自己情况的,记 –2 分。然后完成自评过程。

（六）统计分析

把每题得分填入下表题号中并相加，计算各栏的总分。

胆汁质（A）：2、6、9、14、17、21、27、31、36、38、42、48、50、58

多血质（B）：4、8、11、16、19、23、25、29、34、40、44、46、52、56、60

黏液质（C）：1、7、10、13、18、22、26、30、33、39、43、45、49、55、57

抑郁质（D）：3、5、12、15、20、24、28、32、35、37、41、47、51、53、59

（1）如果某类气质得分明显高出其他三种，均高出 4 分以上，则可定为该类气质。如果该类气质得分超过 20 分，则为典型型；如果该类得分在 10~20 分，则为一般型。

（2）两种气质类型得分接近，其差异低于 3，而且又明显高于其他两种，高出 4 分以上，则可定为这两种气质的混合型。

（3）三种气质得分均高于第四种，而且接近，则为三种气质的混合型，如多血—胆汁—黏液质混合型或黏液—多血—抑郁质混合型。

（4）如 4 栏分数皆不高且相近（＜3 分），则为 4 种气质的混合型。多数人的气质是一般型气质或两种气质的混合型，典型气质和数种气质的混合型的人较少。

（七）分析和讨论

（1）自评的气质类型问卷的结果是否和高级神经活动的表现一致？

（2）该种量表对类型的评分效果如何？

四、职业类型测验

（一）背景知识

应用于职业指导以及选拔、评估程序的心理测验称为“职业测试”。将个人兴趣与能力有机结合的职业最令人向往，因此职业测试中个人兴趣与能力的测试和分类是测试中最为关注的两个方面。SCII（斯特朗-坎贝尔职业兴趣调查表）、MBTI 职业性格测试以及霍兰德职业兴趣测试等都是常用的职业类型测试。

本实验采用的自评量表为霍兰德职业兴趣测试，由美国著名职业指导专家霍兰德编制，主要用于确定被测试者的职业兴趣倾向，进而用于指导被测试者选择适合自身职业兴趣的专业发展方向和职业发展方向。霍兰德提出的 6 种基本职业类型为：实用型 R、研究型 I、艺术型 A、社会型 S、企业型 E、常规型 C。

（二）实验目的

（1）了解职业类型的评估方法。
（2）掌握霍兰德职业兴趣测试的实施流程。

（三）被　试

被试均为心理学专业本科生。

（四）材料和仪器

霍兰德职业兴趣测试（纸质版）

（五）程　序

拿到电子版霍兰德职业兴趣测试后，首先阅读指导语“本测验量表将帮助您发现和确定自己的职业兴趣和能力特长，从而更好地做出求职择业的决策。如果您已经考虑好或已经做出选择，本测验将使您的这种考虑或选择具有理论基础，或向您展示其他合适的职业；如果您至今尚未确定职业方向，本测验将帮助您根据自己的情况选择一个恰当的职业目标。本测验由七个部分组成，每部分测验都没有时间限制，但请您尽快按要求完成。”然后完成自评过程。

（六）统计分析

由主试统计得分，最后给出职业能力倾向评定。

（七）分析和讨论

（1）自评中的职业倾向分类和现实中个人的喜好、特长是否有出入？
（2）职业倾向测试如何在学生生涯规划中起到实际的作用？

五、身心症状的评估

（一）背景知识

德诺伽提斯（Derogatis）编制的90项症状自评量表（Symptom Checklist 90）简

称“SCL-90”。该量表共有90个项目，包含了比较广泛的精神病症状学内容，主要考察被调查者近段时间身心症状反应强度，感觉、情感、思维、意识、行为直至生活习惯、人际关系、饮食睡眠等，均有涉及，并采用10个因子，分别反映个体10个方面的心理症状。本测验适用对象为14岁以上的个体。该量表由王征宇（1984）翻译为中文并引入我国，金华（1986）等人对其常模进行了修订。该量表在精神卫生领域、心理健康领域使用广泛，常作为心理健康评估以及大学新生入学筛查的重要量表。我国也有针对不同人群（如学生群体、教师群体、官兵群体等）进行调查与常模编制的研究。

（二）实验目的

（1）了解身心症状的实施方式。
（2）掌握SCL-90的评估过程。

（三）被　试

被试均为心理学专业本科生。

（四）材料和仪器

SCL-90症状自评量表（纸质版）。

（五）程　序

拿到纸质版SCL-90症状自评量表后，首先阅读指导语：“以下列出了有些人可能存在的问题，请仔细地阅读每一条，然后根据最近一星期下述情况影响您的实际感觉，在每个问题后标明该题的程度得分。其中，“没有”选0，“很轻”选1，“中等”选2，“偏重”选3，“严重”选4。”然后完成自评过程。

（六）统计分析

统计指标主要为两项，即总分与因子分。总分是90个项目所得分之和，总症状指数（General Symptomatic Index），我国称“总均分”，即将总分除以90。阳性项目数是指评为1-4分的项目数，阳性症状痛苦水平（Positive Symptom Distress Level）是指总分除以阳性项目数。SCL-90包括9个因子（有一个因子未命名），每一个因子反映出被试的某方面症状痛苦情况，通过因子分可了解症状分布特点：因子分＝组成某一因子的各项目总分/组成某－因子的项目数。按全国常模结果，总分超过160分，或阳性项目数超过43项，或任一因子分超过2分，需考虑筛选阳性，进一步检查。

（七）分析和讨论

（1）在评价过程中如何有效地选择常模进行分数的比较与解释？

（2）如何结合SCL-90结果评定被试的身心症状程度？

六、人格心理实验报告示例

大学生EPQ与四种气质类型的人格关系研究

目的：学生人格特质与四种气质类型之间的关系。

方法：对41名大学生被试进行艾森克人格问卷测试和气质问卷调查。

结果：（1）此次抽查的数据表明，四种气质类型在大学生中分布明显。（2）相关研究可以看到，大学生外倾性（E）得分与多血质有着显著正相关，$r=0.65$，而与黏液质与抑郁质有着显著负相关，$r=-0.59$和-0.40，神经质（N）和精神质（P）维度都和胆汁质、黏液质、抑郁质得分有着显著的正相关，相关系数分别为0.49和0.36，0.11和0.05以及0.61和0.13，神经质（N）和多血质有着明显的负相关，相关系数为-0.11，但精神质（P）维度和多血质有着显著的正相关r＝0.14。

结论：（1）大学生EPQ与四种类型人格呈现大致的相互对应。（2）四种类型人格在EPQ相对应的维度上呈现出对应的相关性。

关键词：大学生；人格特质；气质类型；相关

1. 引　言

艾森克曾经将外向性和神经质作为两个互相垂直的坐标轴，且以外向性为水平线（左端为内向，右端为外向），以神经质为垂直线（上端为情绪不稳定，下端为情绪稳定），绘制人格结构图，艾森克区分的这四种人格类型——外倾不稳定型、外倾稳定型、内倾稳定型和内倾不稳定型与古希腊医学家希波克拉底（Hippocrates）的体液说中提到的四种气质——胆汁质、多血质、黏液质和抑郁质有很好的对应关系。

艾森克人格问卷（Eysenck Personality Questionnaire，EPQ）是根据艾森克人格理论编写的测量人格的工具。目前，EPQ成人式的中文版已有陈仲庚、龚耀先、刘协和等的版本，以及由钱铭怡等人修订的简式量表，这些量表被认为信度基本可靠，在我国得到了非常广泛的应用。艾森克提出的人格问卷包括成人问卷和儿童问卷两种格式，由四个分量表组成：内外倾向量表（E）、神经质量表（N）、精神质量表（P）和效度量表（L）。有男女常模。P、E、N量表得分随年龄增加而下降，L则上升。精神病人的P、N分数都较高，L分数极高，有良好的信度和效度。艾森克将人格定义为人的性格、气质、智力和体质等持久稳定的组织，决定着人对环境的独特适应。同时，艾森克将人格分为四个层次，由高到低分别为：类型水平、特质水平、习惯反应水平和特殊反应水平。

气质类型指人气质的不同类型，气质是个人生来就具有的心理活动的典型而稳定的动力特征，是人格的先天基础。气质问卷调查表采用我国陈会昌等人编制的气质类型测验问卷，该气质问卷共计60道，胆汁质、多血质、黏液质、抑郁质等4种典型气质类型各15道，每道题5级记分。“很符合”记+2分，“较符合”记+1分，“一般”记0分，“较不符合”记−1分，“很不符合”记−2分。题目混合排列，按测验分数可将气质分为4种典型气质类型。

贾玉梅（2000年）用《艾森克人格问卷（EPQ）》对大学生的气质进行科学测定，并归纳出九种气质类型。结果表明：大学生气质类型分布存在极显著差异（$P<0.01$），其中多血—胆汁质的人最多，黏液质的人最少；复合型气质的人明显多于单一型气质的人（$P<0.01$）；情绪稳定的人明显多于情绪不稳定的人（$P<0.01$）。张飞（2007年）的研究表明，大学生人格特质对人际交往能力具有较好的预测作用。之前有许多关于大学生人格特质、气质和其他因素相关性的研究，但并没有就大学生人格特征和气质类型这两个变量来研究。本研究主要针对大学生人格特质和气质类型之间的关系进行进一步的研究。

2. 方　法

2.1　工　具

艾森克人格问卷：艾森克人格问卷有成人问卷和儿童问卷两种，成人问卷包含88个项目，让被试根据自己的实际情况回答是与否，然后再根据4个维度（E、P、N、L）的记分方式算出得分情况。其中维度E代表内外倾向量表，维度P代表精神质量表，维度N代表情绪性量表，维度L代表效度量表。E维度反映的是人的心理活动性指向和强度，这个维度的一端为典型的外向特征群，另一端为典型的内向特征群。N维度反映了人情绪的稳定性。此维度的一端为情绪不稳定，另一端为情绪稳定，情绪不稳定为高神经质，情绪稳定为低神经质。P维度的高分端为高精神质，低分端为超我机能。

气质问卷调查表：气质问卷调查表采用我国陈会昌等人编制的气质类型测验问卷，该气质问卷共计60道，胆汁质、多血质、黏液质、抑郁质等4种典型气质类型各15道，每道题5级记分。“很符合”记+2分，“较符合”记+1分，“一般”记0分，“较不符合”记−1分，“很不符合”记−2分。题目混合排列，按测验分数可将气质分为4种典型气质类型。

2.2　对　象

通过以下方式取样：在大学班级里随机发放问卷测试。通过此方法收到符合要求的艾森克人格问卷和气质问卷调查表共计41份，其中男性4人，女性37人。年龄在19至23岁之间，平均年龄21岁。

2.3　统计分析

采用SPSS Statistics 19统计软件进行数据分析处理。

3. 结　果

3.1　大学生 E、P、N 三维度得分的描述统计

表 1　大学生 E、P、N 三维度得分的描述统计

	N	均值	标准差
P	41	47.1	13.1
E	41	54.6	9.8
N	41	50.1	14.1

从上表中可以看出，在 41 名大学生当中 P（神经质）的平均分 47.1，标准差 13.1；E（内外倾）的均分为 54.6，标准差 9.8；N（情绪性）的平均分为 50.1，标准差为 14.1。其中 E 的得分最高。

3.2　大学生气质类型分布统计

表 2　大学生气质类型分布统计

	频率	百分比	累计百分比
胆汁质	3	7.3	7.3
多血质	19	46.3	53.7
黏液质	12	29.3	82.9
抑郁质	4	9.8	92.7
胆汁—抑郁质	1	2.4	95.1
胆汁—黏液质	1	2.4	97.6
多血—黏液质	1	2.4	100.0
合计	41	100.0	

从上表中可以看出，在 41 位大学生中，气质类型分布最多的为多血质，有 19 名，占总人数的 46.3%；其次是黏液质，12 名，占总人数的 29.3%；胆汁质与抑郁质分别为 3 和 4 名；胆汁—抑郁混合型 1 名；胆汁—黏液混合型 1 名；多血—黏液混合型 1 名。

3.3　大学生 E、P、N 三维度与艾森克气质的关系研究

表 3　大学生 E、P、N 三维度与艾森克气质的相关研究

	胆汁质	多血质	黏液质	抑郁质
P	0.36^{*}	0.14	0.05	0.13
E	0.25	0.65^{*}	-0.59^{**}	-0.40^{**}
N	0.49^{**}	-0.11	0.11	0.61^{**}

*表示 $P<0.05$，**表示 $P<0.01$

相关研究结果表明，大学生外倾性（E）得分与多血质有着显著正相关，$r=0.65$，而与黏液质与抑郁质有着显著负相关，$r=-0.59$ 和 -0.40，神经质（N）和精神质（P）维度都和胆汁质、黏液质、抑郁质得分有着显著的正相关，相关系数分别为 0.49 和 0.36，0.11 和 0.05 以及 0.61 和 0.13，神经质（N）和多血质有着明显的负相关，相关系数为 -0.11，但精神质（P）维度和多血质有着显著的正相关 $r=0.14$。

4. 讨论与结论

本研究对大学生应用艾森克人格问卷和气质问卷调查表，探求其中的相关性，得出了以下一些有益的结论。

除了外向型与黏液质和抑郁症之间以及神经质和多血质之间存在负相关，被试的精神质维度、外向型维度和神经质维度分别与胆汁质、多血质、黏液质和抑郁质均呈现不同程度的正相关。这为更好地了解大学生的人格发展和气质类型之间的联系找到了一个更好的依据。

P 维度与胆汁质、多血质、黏液质和抑郁呈正相关；说明高精神质的人与胆汁质和多血质的气质发展有不可分割的联系，彼此相互促进，易表现出兴奋性很高，脾气暴躁，性情直率，精力旺盛，热情、有能力，适应性强，喜欢交际，精神愉快，机智灵活，具有高创造性和坚强的特点。而超我机能的人则与黏液质和抑郁质的气质形成密不可分，这类人平静，善于克制忍让，生活有规律，易相处，人缘好，办事稳妥可靠，做事坚定，能克服困难；但比较敏感，易受挫折，孤僻、寡断，疲劳不容易恢复，反应缓慢，不思进取。

E 维度与胆汁质和多血质得分呈正相关，与黏液质和抑郁质得分呈负相关。这表明外倾型人格的人易形成胆汁质或多血质的气质类型，从而表现出爱交际、热闹、自信活跃的特质；而内倾型人格的人则易出现黏液质或抑郁质的气质类型，从而体现出内向、固执、刻板、害羞和不易激动的特质。

N 维度与在胆脂质、黏液质和抑郁质上呈现正相关，与多血质的得分呈现负相关。N 维度的一端为情绪不稳定，即高神经质，而另一端表现为情绪稳定，即低神经质。所以四种气质类型的人均与之呈现不同程度的相关。

总体而言，大学生 EPQ 与四种类型人格呈现大致的相互对应，四种类型人格在 EPQ 相对应的维度上呈现出对应的相关性。

5. 参考文献

[1] 郭永玉，贺金波. 人格心理学[M]. 北京：高等教育出版社，2011.

[2] 钱铭怡，武国城，朱荣春，张莘. 艾森克人格问卷简式量表中国版（EPQ-RSC）的修订[J]. 心理学报，2002，32（3）.

[3] 郭永玉，贺金波. 人格心理学[M]. 北京：高等教育出版社，2011.

[4] 巩大会. 气质类型、应对方式与大学生睡眠质量的影响研究[D]. 青海：青海师范大学，2012
[5] 郭永玉，贺金波. 人格心理学[M]. 北京：高等教育出版社，2011.
[6] 贾玉梅. 大学生气质类型的调查与研究[J]. 大连大学学报，2000，21(3).
[7] 张文新. 儿童社会性发展[M]. 北京：北京师范大学出版社，1999.
[8] 刘丽红. 教师人格特质及其对学生的心理影响[J]. 佳木斯大学社会科学学报，2003，21(5).
[9] 斯金纳. 超越自由与尊严[M]. 贵阳：贵州人民出版社，1988.

参考文献

[1] 郭永玉，贺金波. 人格心理学[M]. 高等教育出版社，2011.

[2] 郭秀艳. 实验心理学[M]. 北京：人民教育出版社，2009.

[3] 黄希庭. 心理学实验指导[M]. 北京：人民教育出版社，1987.

[4] 赫葆源，张厚粲，等. 实验心理学[M]. 北京：北京大学出版社，1983.

[5] 贾林祥，张新立. 心理学基础[M]. 南京：南京大学出版社.2014.

[6] 坎特威茨，等. 实验心理学[M]. 9版. 郭秀艳，等，译. 上海：华东师范大学出版社，2010.

[7] 梁宁建. 心理学导论[M]. 上海：上海教育出版社，2006.

[8] 李寿欣，李传银. 基础心理学实验指导[M]. 济南：山东人民出版社，2009.

[9] 罗伯特·M. 卡普兰. 心理测验[M]. 上海：上海人民出版社，2010.

[10] 彭聃龄. 普通心理学[M]. 北京：北京师范大学出版社，2008.

[11] Phillip L. Rice. 健康心理学[M]. 胡佩诚，译. 北京：中国轻工业出版社，2000.

[12] 邵志芳. 认知心理学[M]. 上海：上海教育出版社，2006.

[13] 王甦. 认知心理学[M]. 北京：北京大学出版社，1995.

[14] 杨博民. 心理实验纲要[M]. 北京：北京大学出版社，1989.

[15] 杨治良. 实验心理学[M]. 杭州：浙江教育出版社，1998.

[16] 张厚粲，徐建平. 现代心理与教育统计学[M]. 北京：北京师范大学出版社，2009.

[17] 郑日昌. 心理测验与评估[M]. 北京：高等教育出版社，2005.

[18] 张为民. 实验心理学[M]. 北京：北京师范大学出版社，2011.

[19] 朱滢. 实验心理学[M]. 3版. 北京：北京大学出版社，2014.

[20] 汪向东，王希林，马弘. 心理卫生评定量表手册[M]. 中国心理卫生杂志，1999（12）.

[21] 陈少华，郑雪. 西方人格心理学的困境与出路[J]. 自然辩证法通讯，2002，24（3）.

[22] 黄宇霞，罗跃嘉. 国际情绪图片系统在中国的试用研究[J]. 中国心理卫生杂志，2004，18（9）.

[23] 唐平，张涛. 中学生考试焦虑研究[J]. 中国健康心理学杂志，2005，13（2）.
[24] 杨俊，赵慧俐，郑晓华. 中学生考试焦虑问题[J]. 中国心理卫生杂志，1996，10（5）.
[25] 王才康. 考试焦虑量表在大学生中的测试报告[J]. 中国心理卫生杂志，2001，15（2）.
[26] 王征宇. 症状自评量表（SCL-90）[J]. 上海精神医学，1984，26（2）.
[27] 汪小琴. 中学生考试焦虑心理成因分析及其辅导策略[J]. 江西教育学院学报（社科版），2001，22（5）.
[28] 郑林科，杨静. 生活应激诱发大学生抑郁症状及轻生意念预警模型[J]. 心理与行为研究，2005，3（4）.
[29] 施铁. 注意分配的实验研究[D]. 上海：华东师范大学，2006.